不懂沟通就当不好经理

用逻辑说服，用语言激励

Not Good At Communicating
You Could Never Be a Remarkable Manager

叶舟 ◎ 著

立信会计出版社
LIXIN ACCOUNTING PUBLISHING HOUSE

图书在版编目（CIP）数据

不懂沟通就当不好经理/叶舟著.--上海：立信会计出版社，2016.5

（去梯言）

ISBN 978-7-5429-4947-9

Ⅰ.①不… Ⅱ.①叶… Ⅲ.①企业管理 Ⅳ.①F270

中国版本图书馆CIP数据核字(2016)第052007号

策划编辑　蔡伟莉
责任编辑　陈　昕
封面设计　久品轩

不懂沟通就当不好经理

出版发行	立信会计出版社			
地　　址	上海市中山西路2230号	邮政编码	200235	
电　　话	（021）64411389	传　真	（021）64411325	
网　　址	www.lixinaph.com	电子邮箱	lxaph@sh163.net	
网上书店	www.shlx.net	电　话	（021）64411071	
经　　销	各地新华书店			
印　　刷	固安县保利达印务有限公司			
开　　本	720毫米×1000毫米	1/16		
印　　张	17.75	插　页	1	
字　　数	227千字			
版　　次	2016年5月第1版			
印　　次	2017年3月第3次			
书　　号	ISBN 978-7-5429-4947-9/F			
定　　价	36.00元			

如有印订差错，请与本社联系调换

前 言

大到世界、国家，小到团队、个人，都离不开沟通，都不能否认沟通的作用及其力量。

当国与国之间出现争端，矛盾即将激化的时候，两国之间需要用沟通获得和平。

当企业与员工之间有了"鸿沟"，产生矛盾与对立的时候，领导与员工之间需要用沟通赢得合作。

当朋友之间或者同事之间有了"误会"，造成怨恨和不理解，友情遭到考验的时候，朋友之间或同事之间需要用沟通来取得谅解和信赖。

当夫妻之间出现"裂痕"，感情不和、婚姻面临破裂危险的时候，夫妻需要用沟通来增进感情，维护家庭。

当父母、师长与孩子之间存在"代沟"，孩子叛逆、不能健康成长的时候，父母、师长与孩子需要用沟通来获得理解和关爱！

沟通能力是一笔无价的财富，也是一门需要用很大的耐心去研究的艺术。

首先，良好的沟通得力于语言的支持。语言是沟通的基础，好的表达能力能收获好的沟通效果。人人都会说话，但不见得人人都会说好话，说别人爱听的话，说别人听得懂的话。每个人的说话方式、说话习惯和风格都有所不同，这也就导致了沟通结果的千差万别。会说话的人有时只用一两句话就能解决问题、化解矛盾、攻破心结、获得答案，而不会表达的人啰唆一大堆却还是让听者不知所云，不明其意。

其次，沟通不仅是口头上的，一些无声的语言和行动也是一种沟通。比如，肢体语言、眉目传情、心灵感应，就是一种耐人寻味、言有尽而意无穷的沟通。有时，这种无声的沟通所产生的效果要比语言交流的效果更胜一筹。在某种特定的场合下，有的人不喜欢用言语沟通，这时如果能运用肢体语言和行为来表现自己的喜好爱恶之情，将别有一番情趣和意味。

最后，最关键的是沟通并非只是信息的传递、声音的传达和行为举止的表现，应更注重思想和情感的交流，即沟通要用心。缺乏思想和情感的交流不能称得上是有效沟通，而在沟通中如果用心程度不够，同样也无法实现沟通的目的。

沟通需要讲究方法，讲究艺术。例如，在不恰当的时机、不适当的场合，沟通不一定能取得好的效果；同样，在不同的人面前如果只用一成不变的沟通方式，也是不行的。对不同的人用不同的沟通策略，才能对症下药。

本书从管理方面讲述沟通的重要性。只要有坚定的信心和适当的方法，每个人都可以拥有很强的沟通能力。相信大家在看完这本书后，会产生提高沟通能力的愿望，进而在不断地提高中顺利地搭上成功这艘"顺风船"。

目 录

上篇　沟通秘籍

第一章　"沟"而不通，一切问题都是沟通不畅导致的
没有明确目标，沟通没目的 3
说话不到位，沟通没效果 7
人性的弱点，沟通的盲点 11
跨越沟通中的心理障碍 16
用心沟通，用情沟通 20

第二章　3分钟决定胜负，有型形象有效沟通
第一印象好，沟通难不倒 24
打造亲和力，沟通没距离 28
人格魅力足，沟通自然顺 32
关切的问候，贴心的帮助 36

第三章　态度决定沟通，别让情绪阻碍了沟通
阳光心态，让沟通更顺畅 41
控制情绪，沟通不伤人 44

平等对话，沟通可以更轻松 47

不怕麻烦，耐得住性子 50

第四章 摆事实讲道理，沟通有理说服有道

说服之前先了解对方 53

晓之以理，动之以情 55

不做没有意义的争辩 58

找到问题的症结是关键 61

一语中的：说到对方心坎上 63

学会捧场：说说对方的得意事儿 67

第五章 听别人愿意说的，会听会沟通

少说多听：倾听是沟通的开始 71

有效倾听：听见、听清和听懂 74

心有灵犀：用心体会话中味 78

细心聆听：知晓对方的弦外之音 81

第六章 见机沟通，把握时机选择沟通方式

把握时机，争取沟通的最优效果 85

沟通，不能哪壶不开提哪壶 88

沟通的境界：一拍即合 91

性格不同，沟通策略不同 94

脾气有别，沟通技巧有异 99

第七章　沟通三不：不批评、不争辩、不抱怨

比批评更有效的力量 105

让对方感受到自尊 108

切勿与人争论激辩 111

理智面对他人的过错 114

少一点抱怨，多一点方法 117

第八章　沟通三绝：微笑、赞赏、幽默

用微笑打开沟通的大门 122

赞美有方，拣好听的说 126

学会欣赏，沟通升个级 129

赞赏有度：别让夸奖成了谄媚 132

幽默是神奇的沟通术 134

第九章　不会提问不会沟通，沟通要学会解方程

主动提问，化被动为主动 139

做到有控制性地提问 142

问对问题，把沟通落到实处 144

工作中有效提问的8种方法 147

第十章　身体会说话，无声胜有声的沟通

别撒谎，我看得出来 153

眼神：透露内心情感的信息 156

脸色：读懂人的内心活动 159

手势：沟通的第二唇舌 162

姿态：使你的语言更动听 166

看透小动作中的心理动机 170

下篇　沟通实战

第十一章　企业沟通，畅通渠道顺畅沟通

改善企业沟通中的困境 175

组织内部沟通 178

企业外部沟通 184

有效沟通与团队建设 187

创造有效沟通的机会和氛围 191

第十二章　上行沟通，成为领导眼中的好员工

主动接近领导，替领导分忧解难 196

不跟领导争论，不计较个人得失 199

坦诚接受批评，服从领导安排 203

给领导提建议，以迂为直巧说服 206

尊重和维护，做受领导欢迎的人 209

第十三章　下行沟通，成为下属心中的好领导

凝聚魅力，做下属交口称赞的好榜样 214

有情有理，做下属心服口服的裁判长 219

恩威并用，让下属心甘情愿为你效劳 223

一手掌权一手放权，彰显团队精神 227

上通下达上行下效，信任征服人心 230

第十四章　谈判沟通，生意场上的博弈艺术

以诚为本是谈判永恒的真理 ……………………………………… 235

谈判中的争与让原则 ……………………………………………… 239

和气生财：谈判的目标是双赢 …………………………………… 243

智胜谈判桌：唇枪舌剑胜过百万雄师 …………………………… 246

当谈判出现僵局 …………………………………………………… 249

谈判中的常用沟通术 ……………………………………………… 253

第十五章　会议沟通，良性互动让会议圆满闭幕

开会不难，开好会是学问 ………………………………………… 260

当好会议主持人 …………………………………………………… 263

尽量让每个人都参与会议 ………………………………………… 267

巧引话题，让会议有序进行 ……………………………………… 269

营造氛围，开一次高效圆桌会 …………………………………… 271

上篇　沟通秘籍

第一章
"沟"而不通,一切问题都是沟通不畅导致的

尽管沟通无时不在,无处不在,但矛盾和问题依然层出不穷。这是为什么呢?根本原因是只强调了"沟"的过程,而忽视了"通"的结果。例如,不管话说得如何,反正是说给对方听了,至于话里面的意思是否真正被对方所理解和弄懂,似乎不是说话者的事。这样怎么能算是良好的沟通呢?"沟"而不通,原因是沟通中的互动出现了问题。

上篇 沟通秘籍

没有明确目标，沟通没目的

夫妻之间吵架，想要达到和解的目的，有必要沟通；销售人员要将东西卖给顾客，要达到这个目的，就要千方百计地寻找与顾客沟通的方法；老师要达到教导学生的目的，而言传身教，谆谆教诲，就要与学生做好沟通工作；领导要传达给下属某个指令，要与下属沟通；同样，下属要找领导汇报情况，请示工作，也会与领导进行沟通。

沟通要有双方的互动才能实现，并取得良好的效果。如果只顾自己喋喋不休，而不顾别人是否爱听，自然惹人讨厌；漫无边际地说话，或者毫无目的地找人说一些无关痛痒的话，也不会受人欢迎。除了一些随意的聊天外，一般与人说话，或者找人倾诉，都是有目标的，也就是带着某种目的来沟通。

没有明确的目标，沟通也就没目的，也就称不上真正的沟通。

与人交谈是为了享受对话的乐趣，谋求彼此心灵的交流，同时完成交谈的目的。交谈并不是唱"独角戏"，它是双方思想交流的形式之一。因此，无论是交谈的哪一方，都应该明白交谈的真正含义。有的人很喜欢插嘴，而且一插上嘴就没完没了，认为自己是个说话高手，其实这是交谈最大的误区。试想，一个人总是向别人唠叨一些自己觉得津津有味，以为对别人来讲也是趣味无穷的话，于是自说自听自演自唱，那么有谁会愿意听呢？

因此，交谈的重点在于要有一个共同的话题，而不应该像一个"杂学博士"那样逢人就想说教。在交谈的时候，有些人总是显得不耐烦，使交谈没有活跃的气氛。这种情况多半是因为话题没有回应的话所造成的。再者，有一方若是对这次的交谈不感兴趣，自然也会出现这种情况。

你以为压下对方自己就能独占会话的上风，但是别人不买账，把你的话当耳边风，岂不是枉然？再说，如果你老是在交谈时逞能，人们势必对你"敬而远之"，到了那种地步你又有什么意思呢？即使你想与人聊天，别人也不愿奉陪，如同舞会中的"壁花"，这便是自作自受了。

社交中的说话，彼此在对等的地位，如果在这种谈话中，你一个人一直滔滔不绝如高山瀑布，永不停止地倾泻着，那对方就没有说话的机会，完全是你说人家听了。这样，你肯定不会受人欢迎。

一个商店的售货员，拼命地称赞他的货物怎样好，而不给顾客说话的机会，反而不能做成这位顾客的生意。因为顾客对你巧舌如簧、天花乱坠的推销，顶多只把你看作一个"生意精"，绝不会因此购买。反过来，你只有给顾客说话的余地，使他对货物有询问或批评的机会，双方形成讨论和商谈，才有机会做成你的生意。

没有明确目标的沟通，就如同没有目的地做事一样，说了什么话、办了什么事，连自己都不清楚，稀里糊涂，对别人的感受也无从知晓。甚至可能会觉得，话也说了，该说的不该说的，对方也听见了，就算是沟通了一次，然而，这种态度对对方来讲并没有起作用，反而带来更多的反感。反之，带着目的的沟通，更能体现沟通的重要性，有利于人际关系的和谐。

著名科学家法拉第进入英国皇家学院工作，介绍人是戴维爵士，他们之间进行了一次有趣的谈话。

戴维："很抱歉，我们的谈话随时可能被打断。不过你还幸运，此时此刻仪器没有爆炸。法拉第先生，信和笔记本我都看了。你在信中好像没有说明在哪里上的大学。"

上篇　沟通秘籍

法拉第:"我没有上过大学,先生。"

戴维:"噢?但你做的笔记说明你显然是理解这一切的,那又怎样解释呢?"

法拉第:"我尽可能去学习一切知识,我还在自己房间里建立了小实验室。"

戴维:"年轻人,我很感动。不过,可能因为没到实验室中干过,所以才愿意到这儿来。科学太艰苦,要付出极大的劳动,而只有微薄的报酬。"

法拉第:"但是,只要能做好这件工作,本身就是一种报酬啊。"

戴维:"哈哈,你看我眼边的伤疤,这是我在实验中引起的一次爆炸留下的。我想,你装订的那些书籍总不曾将你炸痛,让你出血或把你打昏吧?"

法拉第:"是的,不曾有过,但每当我翻开装订的科学书籍,它的目录常常使我目瞪口呆,神魂颠倒。"

这段对话重点突出,详略得当,饶有趣味。戴维爵士所强调的是从事科学研究不是一件轻松的事,需要付出艰苦的劳动,甚至要付出伤残或牺牲的代价,而法拉第所表示的是对知识强烈渴望,对科学的执着追求。谈话结果是戴维破例让法拉第当了自己的助手。后来,有人要戴维填表列举自己对科学的贡献,他在该表的最后写道:"最大的贡献——从一句话中发现了法拉第。"假如当初一个强调学历,另一个贪图金钱,那肯定是另一番情形了。

沟通不是信口开河,想说什么就说什么;沟通也不是天南地北无所不聊,"万事通"也要看在什么人面前表现。说话时东拉西扯,不着边际,让人不知所云,如堕雾中,听了半天不知要表达什么意思,这样的沟通只能是失败的。

真正的沟通是有明确目标的,是为了实现某种目的来沟通,或解决矛盾,或寻求意见,或请求帮助,或答疑解惑,或谈判合作。没有无目的的沟通,沟通必然要取得某个结果,才算达到了目的。

有效沟通的艺术

在社交活动中,没有人喜欢在别人面前只谈自己,也没有人愿意奉陪夸夸其谈却无半点意义的说话者,说话者只讲自己喜欢的话题而对别人毫无触动,这对倾听者来说也是难以忍受的。只有带着目的来沟通,而对方又能善解人意地帮助自己完成了目的,才是沟通的双赢。

说话不到位，沟通没效果

说话容易，但是要把话说到位、说得有价值、说得能够打动他人，那是非常困难的。善于说话的人，可以流利地表达自己的意图，能把道理说得清楚、动听，并使别人乐意接受。有些人善言健谈、口若悬河、出口成章，说出无数金玉良言、绝词妙句、豪言壮语、警世箴言；又有些人信口雌黄、搬弄是非，制造很多废话、蠢话、无用之话，给人留下说话轻浮、行动草率的不良印象，想沟通自然是无门。

沟通有效果的关键是看是否会说话。话说得好，可以增强彼此的沟通；话说得不好，就会给彼此关系造成紧张。恭维的话可以张嘴就来，但是人家不会感谢你；骂人的话可以脱口而出，但是人家必定憎恨你；吹牛的话更可信手拈来，但是人家也许因此而轻视你。

沟通效果的好坏，并不在话语的多少。有时候使尽全身力气去喊未必让人震惊，一声叹息却能让人心潮澎湃；有时候洋洋洒洒的长篇大论常常有鼾声相伴，而平平淡淡的只言片语却说不定能换来掌声雷动。所以，有时想说而不能说；有时想说而不该说；有时想说而不会说；有时想说而不敢说。这样的情况会大大影响沟通的效果。

因此，说还是不说？说什么？怎么说？说话是一种技巧，是一种人生艺术，是一门值得你花毕生的精力去研究的学问。说话的艺术与沟通的效果是紧密相连的。

良好的谈吐可以助人成功；蹩脚的谈吐可以令人万劫不复。在日常生活中，周围的人有的口若悬河；有的期期艾艾、不知所云；有的谈吐隽永；有的言语干瘪；有的唇枪舌剑；有的吞吞吐吐、语无伦次……人们的口才能力有大小之分，沟通的效果自然也是天壤之别。

沟通的效果还取决于一个人说的话能否被别人所接受。不同的人接受他人意见的方式和敏感度都是不同的。

有这样一则小故事：有个秀才去买柴，他对卖柴的人说："荷薪者过来。"卖柴的人听不懂"荷薪者"（担柴的人）三个字，但他听懂了"过来"两个字，于是把柴担到秀才面前。秀才问他："其价如何？"卖柴的人听不太懂这句话，但他听懂了"价"这个字，于是就告诉秀才价钱。秀才接着说："外实而内虚，烟多而焰少，请损之。"（木柴的外表是干的，里面是湿的，燃烧时会浓烟多，火焰少，请减些价钱吧！）卖柴的人实在听不懂秀才说什么，于是担着柴就走了。

故事中的秀才用卖柴人听不懂的语言与其进行沟通，最终导致沟通失败。我们只有因人、因时、因地、因内容而变化沟通语言，熟练掌握沟通的技巧，才能达到沟通的目的，产生良好的沟通效果。

一般说来，文化水平高的人，不爱听肤浅、俗气的话，应多用一些逻辑性强的推理；文化层次较低的人，听不懂高深的理论，应多举浅显易懂的例子；刚愎自用的人，不宜循循善诱，可以适当地激一下；喜欢夸大的人，大都心口不一，不妨诱导一下；生性沉稳的人，要多调动他的情绪；脾气暴躁的人，用语要明快简洁；思想顽固的人，要善于发现他的兴趣点，进行转化；如此等等。只有知己知彼，才能对症下药，从而得到最好的说服效果。为此，我们可以从以下几个方面来修炼自己的口才。

1. 说话不要以自我为中心

不要把最没有价值的"我"字当成说话中最大的字，而应该把频率最高的"我想""我认为"改成"我们""你看呢""你觉得"。少叙述自己的经历和故事，除了真正贴切简短的以外，更不要逢人便滔滔不绝地吐苦水，把周围人当成宣泄对象。开口诅咒、闭口发誓、漫天许愿、随便插嘴，也是粗鄙俗劣的表现。不要讲别人不感兴趣的话题，而要把所有人的谈兴都调动起来。

2. 不做沉默的"智者"

有些人因为自卑心理或因某种原因而不敢开口说话。其实，你只要勇敢地讲出第一句话，紧接着第二、第三、第四句就会跟着讲出来，别人绝不会在意你说得怎样。所以，把话说出来是关键，因为无论怎样你表达了自己的思想，而与人交流才是学习和进步的阶梯，不要当"故作"深沉的智者，把自己封闭起来并无益处。

3. 可以试着清除语音障碍

有的人声音尖锐刺耳，有的人声音沙哑低沉，尽管一个人声音的基调改变不了，但每个人还是可以发出一些不同的声音，其中，也必有一种音色是最亮丽而具有魅力的。不同的声音给人的感觉是不一样的。坚毅激进的声音，给人一种奋发感；柔和、清脆的声音使人愉快；低缓忧郁的声音让人悲哀；而粗俗急躁的声音会使人发怒。

说话太快，会使人喘不过气来，听不清楚，你自己也白费口舌；说话太慢，会使人听得不耐烦。在说话中，声调要注意有高有低，正如乐曲中旋律的快慢和强弱，要使你的话语如同音乐一样动听，就要注意声调的快慢高低。另外，说话若带口头禅，会扰乱节奏，显得杂乱无章。

4. 端正说话态度，进一步提升沟通效果

在人际交往中，人们最忌讳傲慢的腔调、趾高气扬的神情、刻板僵硬的语气。而谦逊的态度、委婉动听的语调，能给人一种心悦诚服的力量。

在奥斯卡领奖台上，著名影星英格丽·褒曼在连获两届最佳女主角奖后，再一次获得最佳女主角奖，但她对和她角逐此奖的弗伦汀娜推崇备至。英格丽·褒曼走上领奖台，手中举起奖杯的时候说道："原谅我，弗伦汀娜，我事先并没有打算获奖。"谦逊的一句话，消除了对方的心理隔阂。

当然，我们还应意识到：说过头的话、刻薄话、挖苦或讽刺的话、伤害感情的话都会给别人的心灵留下创伤。尽量避免舌头惹麻烦，不搬弄是非、不说人之短、不谈他人隐私。当遇事应当说明缘由时，不要畏畏缩缩，鼓不敲不响，话不说不明，要勇于把当时的情况讲明，否则会人为地引起麻烦，产生误会，事后难以说清楚。

夸张的词有一种引人注意的效果，但用得太滥，反而使人不相信。你不可能每次说的都是最重要的消息，不可能每次都讲最动人的故事，随时、随地经常出现"最"这个字，别人会认为你是个喜欢夸大的人。

有效沟通的艺术

与别人探讨学问、接洽事务、交换信息、传授技艺，还有交际应酬、传递情感和娱乐消遣的时候都离不开说话。此外，衡量一个人是否有能力，这种能力能否表现出来，在很大程度上也是看他说话的水平。可以说，说话的水平决定了沟通的效果。

人性的弱点，沟通的盲点

每个人都有优点和缺点，人人也都想在他人面前表现自身的优点，而掩盖自己的缺点。例如，自身存在的一些弱点给彼此的沟通造成了阻碍，影响了本该和谐和平衡的人际关系。

带着偏见的眼光看待别人、看问题，无端的猜测和妄加论断，自私、内心狭隘等人性的弱点，是沟通中最可怕的障碍。

1. 主观猜测对沟通的影响

对他人的行为没有调查就妄加揣测，以自己的一孔之见便全盘否定，用有色眼镜看问题，就会难以得出正确的判断和结论。懒于思索问题，拒绝接受新的观点和见解，就会使人越来越愚昧无知。不管对方是不是具有美好的愿望和善良的动机，对他人轻易断言是不善于理解他人的表现。

刘英是一名小学教师，有一段时间，总有同学向她反映自己的东西被偷，这引起了刘英的重视。在一次班会上，刘英有意避开"偷"这个字眼，引导学生通过讨论、表演等活动促使学生自查自省。会后，刘英期待着"某些同学"的自我觉醒。终于，有一天中午放学时，她发现赵小强同学走得很晚，刘英便在一边注意观察。只见赵小强同学把"借"人家的东西一一还回了其他同学的抽屉里。刘英默默地看着，为这位同学的"觉醒"感到庆幸。

下午，刘英考虑许久，决定还是找赵小强谈谈，及时给他"打一支预防针"。找到他时，刘英先是肯定了他的成绩，接着又谈了他的日常表现，最后谈到了班级丢东西的事。赵小强表现得很平静，好像什么事也没发生似的。看他这么平静，刘英倒不平静起来，她说："赵小强，你能采取这种方法将东西还给对方，很好。老师替你保密。我小时候也做过类似的事，可当时我没有勇气像你这样做。"赵小强听了，脸一下红了，他着急地说："老师，我没有偷人家的东西，真的。"刘英说："没说你偷东西，只是借，你能还给人家，说明你是个好孩子。"赵小强"呜"地一声哭起来。看着他哭的样子，刘英有点生气，说："老师冤枉你了吗？我亲眼看到的，你先回去，认真反省一下。"

第二天，刘英的办公桌上放着一张纸条："刘老师，您好。您在我心目中一直是位公正无私的老师，昨天中午，我是为我的一个朋友做的，他不让我把这件事说出去，哪怕是老师。当时我真的不愿意说出来，所以急得哭了，现在也是不得已才向您说出来，希望您能为我保密，并恳请您也不要找他谈话，他会改正的。我没有向您说实话，希望您能原谅我。"刘英反复地看了几遍纸条，沉默了好久。她为自己的轻率感到羞愧，后来找到赵小强并郑重地向他道了歉。

2."以小人之心度君子之腹"，给沟通造成隔阂

一位女士在机场候机。为了打发几个小时的等候时间，她买了一盒饼干和一本书。她找到一个位子，坐了下来，专心致志地读起了书。突然，她发现坐在身旁的一个青年男子伸出手，毫无顾忌地抓起放在两人中间的那个盒子里的饼干吃了起来。她不想惹事，便视而不见。这位心怀不悦的女士也开始从那个盒子里拿饼干吃。她看了看表，同时用眼角的余光看到那个"偷"饼干的人居然也在做同样的动作。她更生气了，暗自思忖："如果我不是这么好心，这么有教养的话，我早就把这个无礼的家伙的眼睛打肿了。"

她每吃一块饼干，他也跟着吃一块。当剩下最后一块饼干时，他不太自然地笑了笑，伸手拿起那块饼干，掰成两半，给了她一半，自己吃了

上篇　沟通秘籍

另一半。她接过那半块饼干,想道:"这个人真是太没教养了!甚至连声'谢谢'都不说!我没有见过这么厚颜无耻的人。"听到登机通知后,她长出了一口气。她急忙把书塞进包里,拿起行李,直奔登机口,看都没看那个"贼"一眼。

在飞机上坐好后,她又开始找那本没看完的书。突然她愣在那里,她看见,自己的那盒饼干还原封不动地放在包里!现在要请求那个人原谅已经为时太晚了。她心里非常难过,因为她自己才是那个傲慢无理、没有教养的"贼"。

与人沟通常常犯的一个错误就是习惯以己论人。常常以为别人与自己具有同样的爱好、个性等,常常以为别人应该知道自己的所想所思,而实际上,这只是你的个人偏见。有时候,以为事情应该是某种样子的,结果发现事实并不像自己所想象的那样;当别人的想法或行为与自己不同时,便习惯用自己的标准去衡量别人,从而认为别人是错的;喜欢嫉妒的人常常认为每个人每天都在嫉妒,这就是"以小人之心度君子之腹"。这种心理是一种严重的认知心理偏差,是对别人人格的歪曲。

3.奴仆式"老好人",是沟通无尺度的表现

小王刚进公司,做什么事总是小心谨慎,每逢休假日需值班,只要谁开口,他都答应,为此不知浪费了多少个休假日,都变成值班专业户了。平时上班,小王也总是早早就到了,收拾台面,打扫办公室,不时地操练扫把和拖把,大家把他当成了兼职的清洁工,坦然享受着整洁干净。久而久之,小王变成了大家呼来唤去的"杂工"。

早上上班,只要谁说一句"没吃早餐好饿呀,有没有什么东西填肚子?"小王就赶紧拿出自己买的牛奶麦片,送到他们手上;炎炎夏日,还经常买些冰镇可乐带给大家喝。小王成了大家公认的"大好人"。

一开始,小王觉得为大家服务是应该做的,让大家都高兴,自己也很

满足。但随着工作的渐渐增多，小王没有再像以前一样，帮同事们跑腿，结果抱怨也就接二连三来了，有的还当面指责："摆什么架子？来帮我把这份材料送到各个部门去。""嗨，去仓库帮忙领一包打印纸过来，我们等着用呢！"碍于情面，小王还是做了。

有次主管派小王去车站帮他接一个亲戚，结果刚出公司大门就被出差回来的经理撞了个正着，经理问他去哪，为了不得罪主管，小王就说出去招工。后来经理不知从哪里知道了事情真相，把小王叫去训了一顿，说身为人事部职员，都不能做到"诚信"两字，又怎能管理他人呢！给经理留下个此等印象，还在公司待下去只会自讨没趣，于是小王递交了辞职申请。无奈的小王背着"好人"两字狠狠地摔了一跤。

有的人与人交往总是力求在别人眼里做到尽善尽美。大忙小忙都帮，大事小事都揽，大活小活都干，这样的人以为自己全心全意为对方做事一定会博得对方的赞赏，使彼此的关系更融洽，事实上这种老好人的心态也影响沟通。当老好人不是关系亲密的表现，而是不会把握沟通的尺度。

4.虚伪的刻意表现，最易被众人远离

刘丰是一家公司的职员，平时工作积极，表现很好，待人也热情大方，同事们都主动和他交朋友。但是有一天，一个小小的动作却使他的形象在同事们眼中一落千丈。大家都认为，刘丰不值得交往。

当时在会议室里，许多人都等着开会，其中的一位同事发现地板有些脏，便主动拖起来。而刘丰似乎有些身体不舒服，一直站在窗台前往楼下看。突然，他疾步走过来，叫那位同事把手中的拖把给他，同事不肯，可刘丰却执意要求，那位同事只好把拖把给了他。刘丰把拖把接到手刚过一会儿，总经理推门而入。而他正拿着拖把勤恳、一丝不苟地拖着地板。从此，大家再看刘丰时，顿觉他虚伪了许多。从前的良好形象被一个小动作破坏得一干二净。

其实,热忱绝不等于刻意表现。不可否认,自我表现是人的天性中最主要的因素。人喜欢表现自己就像画眉喜欢炫耀声音一样正常。但刻意的自我表现就会使自然变得做作,热忱变得虚伪,最终的效果适得其反,更难交到朋友。

有效沟通的艺术

沟通贵在真诚,讲究自然。人性的弱点虽然不可避免地存在着,但不能因而阻塞沟通的路。很多沟通中出现的无形的隔膜,都是自身的弱点在作祟。

跨越沟通中的心理障碍

人们不同的个性倾向和个性心理特征，容易造成沟通障碍。气质、性格、能力、兴趣等不同，会造成人们对同一信息的不同理解，为沟通带来困难。个性的缺陷，会对沟通产生不良影响。

小张是刚踏出校门的大学生，今年他找到了一个不错的工作单位，但是工作不到半年，他却郁闷透顶，因为他总是不敢与领导和同事讲话，正因为如此，他常常觉得自己非常压抑。小张本身就是一个比较腼腆的人，平常跟陌生人说话声音都会很小，如果别人没听清楚就会脸红，显得手足无措，非常不安。但是没有参加工作之前，小张觉得一切都还好，虽然不是特别热情的人，但是总还是能交到朋友。只是现在到了工作单位，不知道为什么，一上班，一看到人就会觉得有些害怕。小张说："我从来不敢和同事们交往，因为害怕他们发现我的不自在。其实我很希望跟同事搞好关系，但是总觉得非常别扭，我怕自己要跟他们刻意接近会更别扭。为了不让大家的关系更差，我只好忍着自己这种局促的情绪。反正现在还可以跟同事们打个招呼什么的，如果跟他们的关系搞不好，那我跟大家的关系会更僵，连招呼也不敢打了。我也知道要学会适度的表达，可是我就是学不会，我只是想要改变现在这种状态。"

现实的沟通活动常为人的认知、情感、态度等心理因素所左右，有些心理状态会对社会沟通造成障碍。

1.认知不当导致沟通障碍

第一印象是指在人际交往开始时给人留下的印象特别深刻，以后要改变这些印象往往不太容易。这种现象显然是不利于人际关系的。因为我们认识、了解一个人，不是通过一次、两次交往所能完成的，而第一印象又容易限制我们对人的进一步了解。有的人可能给人的第一印象不太好，但进一步交往之后，则会感觉大不一样；有些人给人的第一印象特别好，而以后也许这种印象会逐渐淡漠下去。"路遥知马力，日久见人心"的古训是有一定道理的。在人际交往中，要注意克服第一印象的影响。

近因效应是指在与他人沟通时，对初识者形成印象、所依据的材料往往在时间上有一定间隔，因而，材料出现的次序对于形象形成的作用不一样。人们更倾向于根据最新的材料形成印象。

晕轮效应是指人们对他人的知觉容易产生的偏差倾向。当一个人对另一个人的某些主要品质形成好的印象以后，那么就会认为这个人的一切都很不错。这就像月亮周围的大光环易被认为是月亮的扩大一样，所以称为晕轮效应。

定势效应是指在人们头脑中存在的关于某一类人的固定形象。当我们认识他人时，常常会有一种有准备的心理状态，按照事物的外部特征对他们进行归类，从而产生定势效应。

刻板印象是指在人际交往中，对某一类人进行简单的概括归类所形成的不正确的印象。比如说英国人保守，美国人不拘小节，犹太人会做生意，等等。刻板印象使人们在无形之中戴上了涂有偏见色彩的有色眼镜。人们总是不自觉地将人概括分类，比如说到南方人，人们心目中总有一个印象；说到北方人，又会出现另一个概括化的印象。虽然就总体来讲，南方人与北方人在某些方面（风俗习惯、风土人情以及性格特点等）是存在一些差别的，但是如果以这种概括化的印象对待具体的人则是完全错误的。而我们的人际交往正好是具体的人与人之间的交往，因此必须防止刻板印象的影响。

2.情感失控导致沟通障碍

人们总是带着某种情感状态参加沟通活动的。在某些情感状态下，人们容易吸收外界的信息。而在另一些情感状态下，信息就很难输送进去。如果不能有效地驾驭情感，就会有碍正常的沟通。比如，不能摆脱心情压抑状态的人大多数表现出孤僻和不愿与人交往的倾向，在公共场合很少说话，对别人的话不感兴趣，对某些信息甚至有厌恶感。又如，人在感情冲动时往往不易听进不同意见。再如，情绪偏颇，像骄傲情绪、急躁情绪等也会束缚沟通。

3.态度欠当导致沟通障碍

态度是人对某种对象的相对稳定的心理倾向。除认知成分、情感成分外，态度还包括行为成分。凡以恰当的认知、健康的情感支配行为的心理倾向，就是科学的态度。反之，则是非科学的、不端正的态度。态度不正确，也不能有理想的沟通效果。比如，迷信权威会带来沟通判断失误；爱面子也会造成判断失误。

4.不良心理导致沟通障碍

一是腼腆。拘谨羞涩、眉低脸红、说话声小、表情紧张等特点都可以看作是腼腆的表现。腼腆的人在与人初次交往时，对谈什么话、怎样保持目光接触等，都感到为难、不自在。这些人不善言辞，尤其在人多的场合，咕哝半天也表达不出自己的意思，让人着急甚至引起误解，成为社交的一大心理障碍。

二是消极。消极思想是影响交际沟通的第二大心理障碍。有消极思想的人常常说："如果我能像某某人那样就好了！""我还不够好！""人性非常丑恶！"有消极思想的人，无论成功或失败，总会暗地存在一种否定性的思考，这种思考方式往往会影响社交的质量。你要尽量用肯定语来代替否定语，并不时地激励自己，若能做到这些，你自然就会具备积极行

上篇　沟通秘籍

动的姿态，在人际交往中充满自信，这对于你进行成功的社交活动至关重要。

三是压抑和封闭心理。有些人经常把自己内心的不满压抑下来，导致众人的漠视，而自己又对外界充满敌意，久而久之就变得越来越压抑。所以，要与人沟通，就不要压抑自己的情绪，而是需要和社会进行正常的接触，让一切交往都变得自然而然。如果对自己的情绪过分压抑，反而会引起新的心理隐患。

四是社交恐惧症。对于许多刚离开家门步入社会的年轻人来说，结交新的朋友、融入他人的社交圈子是一种心理上的挑战。一开始总有一些手足无措的感觉，不知道怎样做才能和大家打成一片。内心胆怯、犹豫、心慌、手颤，久而久之，自信心在一次次窘态中消耗殆尽。这就是通常所说的社交恐惧症。社交恐惧症严重影响了沟通的质量和效果。

有效沟通的艺术

人一旦在心理上对社交有所抵触、有所排斥，就很难顺利实现社交，就会对社交形成逃避的思想，也对沟通产生了畏惧，形成不愿意沟通、不喜欢社交的处境。其实，很多人并非天生就讨厌社交，只是对自身存在的某种社交障碍缺乏清醒的认识，因而在社交中难以做到左右逢源。只有放开心态，积极地与人结缘、结识、结交，才能与人进行良好的沟通。

用心沟通，用情沟通

从心理角度看，沟通包括意识和潜意识层面，有效的沟通必然是在潜意识层面的、有感情的、真诚的沟通。

人与人之间由于认识水平不尽一致，有时会有误解进而产生矛盾。如果我们能用心沟通，多注重思想和情感的交流，这样就会赢得信任，使矛盾得到缓解。相反，如果只凭一己之见，忽视了情感和思想的交流，反而会伤害感情，影响人际交往。

有一次，刘墉应邀在某大学做了一场关于人际沟通的演讲。在谈到待人礼节这个话题时，他这样讲道："我有个美国学生，有一天突然打电话来，说她需要一支狼毫毛笔，外面找不到好的，想跟我买。我说没问题，不但找了一支不错的狼毫笔，还翻出一支很好的羊毫笔。没过多久她来了，问多少钱。我说：'笑话！这么深的交情了！送你的！'

"各位可以想象，那美国学生，一定会作出很惊喜的样子，因为我等于送了她一百多美金的礼物。可是半年后，有个中国学生对我说，那个美国学生又托她去中国城找毛笔。我说，奇怪了！她明明知道我多得是，为什么不来找我呢？

"中国学生笑了，说：'她说了！因为您不要她的钱，她不能再找您。'然后，那中国学生又说，'教授啊！您不知道吗？有时候美国人要跟您买，您不卖，送他们。他们会觉得您是暗示他，您不愿意卖。'"

《如何使人们变得高贵》一书中说："把你对自己事情的高度兴趣，跟你对其他事情的漠不关心互相作个比较。那么，你就会明白，世界上其他人也正是抱着这种态度！"这就是说，要想与人相处，首先要学会用心沟通。没有真正用心与人沟通，就会南辕北辙，甚至将事情搞砸。

一位销售人员向经理诉苦："我们的镜子根本无人问津，参加这种展销会完全是浪费时间。"经理问他："这些镜子是干什么用的？""给商店和办公室保安系统用的呀。"

经理说："那它们如何起作用呢？""把它们安装在天花板上，然后它就开始工作。"

经理问："你是如何演示它的功能的？"

"我在会场搭了一个高台，登上去，再故意跌下来，狠狠地摔到那些不会碎的镜子上，再弹起来，虽然鼻青脸肿、几欲断气，但借此可以向观众表明镜子坚不可摧。我每隔2分钟就表演一次。"

经理："那有多少人会跳到天花板上去撞你的镜子呢？你可以这样展示：展台周围藏一些精美的小礼物，邀请大家试试看，看谁能逃过镜子的窥视把小礼物偷走。"

销售人员："可我们的镜子是不会碎的呀！"

这位销售人员的产品演示显然没有做到与顾客很好的沟通。因为他并没有认真领会产品的演示与顾客之间是一个沟通的过程。通过产品演示使顾客明白产品的用途，而顾客的反馈和回应表示沟通的结果。销售人员只从产品的一个方面出发，没有弄懂顾客的思想和需要，同样也没有真正理解经理的话，当然不会得到顾客的欢迎。

用心沟通要给对方注入情感因素。

客户："我想要为未婚妻买一件很有特点的生日礼物，你是我的老朋友了，给我推荐一下。"销售人员："啊，你看这条项链怎么样，价钱是500元。我只收你原价的一半250元，另一半250元是我送给你们的结婚礼物，祝你们幸福美满，白头到老。"

这样的表达方式可以说一举两得，既使客户享受到了半价的优惠，也得到了一份无价的情感馈赠，不但不会令客户觉得因半价而有失面子，还会因销售人员的这个大人情而收获意外的惊喜，不失为一种聪明的销售方式。

　　其实，有时沟通不到位，并不是热情不够，也不是没有运用技巧，而是不善于利用情感，不会在双方的交流中注入情感因素。例如，往往对他人的心理理解比较单一，看不到人在不同的环境之下可能会有不同的心理表现，产生不同的心理感受；往往把复杂、多样化的心理活动简单化、片面化，用同一种方式去应对不同的情况和不同的人，不懂得根据对方的心理变化来调整自己的语言和行动。由于不懂得顺应对方的心理、争取对方的好感，因此就不能够利用对方的心理，获得对方的认可，这样沟通失败也就在所难免了。

有效沟通的艺术

　　真正的沟通不仅是口头上的，更是心灵上和思想上的。认真、专注、倾听、思考、和谐是实现沟通的基本条件，只说不听，或者听完不思考都达不到沟通的目的。

第二章
3分钟决定胜负，有型形象有效沟通

在社会交往中，每个人都会以自己所特有的相貌体态、气质风度、仪表神情、言谈举止等外部特征给别人留下特定的印象。而在与人交往的不同阶段内，给人留下的不同印象又会产生不同的效应。人的形象很重要，一个人的形象直接构成了别人对你的印象，直接影响别人是否喜欢与你沟通。

第一印象好，沟通难不倒

心理学上有一个规律，在和陌生人的交往中，他给我们的早期印象往往比较深刻。下面这样一个心理学实验证明了这个规律。

心理学家设计了两段文字，描写一个叫吉姆的男孩一天的活动。其中一段将吉姆描写成一个活泼外向的人：他与朋友一起上学，与熟人聊天，与刚认识不久的女孩打招呼等；而另一段则将他描写成一个内向的人。研究者让有的人先阅读描写吉姆外向的文字，再阅读描写他内向的文字；而让另一些人先阅读描写吉姆内向的文字，后阅读描写他外向的文字，然后请所有的人都来评价吉姆的性格特征。结果，先阅读外向文字的人中，有78%的人评价吉姆热情外向，而先阅读内向文字的人，则只有18%的人认为吉姆热情外向。可见，人们在不知不觉中，倾向于根据最先接收到的信息来形成对别人的印象。这就是第一印象的作用。

第一印象又称为初次印象，指两个素不相识的陌生人第一次见面时所获得的印象。第一印象在很大程度上还会影响别人对你的看法。

一个新闻系的毕业生正急于寻找工作。一天，他到某报社对总编说："你们需要一个编辑吗？""不需要！""那么记者呢？""不需要！""那么排字工人、校对呢？""不，我们现在什么空缺也没有了。""那么，你们一定需要这个东西。"说着他从公文包中拿出一块精致的小牌子，上面写着"额满，暂不雇用"。总编看了看牌子，微笑着点了点头，说："如果你愿意，可以到我们广告部工作。"

这个大学生通过自己制作的牌子，表现了自己的机智和乐观，给总编留下了美好的"第一印象",引起对方极大的兴趣,从而为自己赢得了一份满意的工作。并且,因为对他有良好的第一印象,总编可能一直对他印象颇佳。

由此可见,第一印象真的很重要!人们对你形成的某些第一印象,通常难以改变。而且,人们还会寻找更多的理由去支持这些印象。有的时候,尽管你表现的特征并不符合原先留给别人的印象,但人们在很长一段时间里仍然要坚持对你的最初评价。第一印象在人们交往时所产生的这种先入为主的作用,被叫作首因定律。

我们要特别注意给别人的第一印象,要争取在第一次亮相的时候,就显出最有光彩的自己。

第一印象的外在表现就是个人的仪表形象。一个人的仪表是最先被对方的感官感知的。仪表是与他人的视觉距离和角度最为舒适和直接的,是彼此交往中最引人注意的部分。别人要获悉你是怎样一个人,首先注意的就是你的仪表,而我们想要留给对方美好的印象,首先也要从仪表开始。

仪表是指人的外表,包括人的容貌、姿态、服饰和个人卫生等方面,它是人精神面貌的外观。对仪表的总体要求是:朴实自然、整洁大方、庄重亲切、给人好感。

社会心理学家认为,在公众场合人总是接近衣着整洁、仪表大方的人,或衣着略优于自己的人。这种行为在日常生活中也常常出现,没有人愿意同一个不修边幅、肮脏邋遢的人在一起。

第一个印象往往是人们对其作出判断的心理依据。如果你见到一个人衣着整齐、合体入时,表情自然,则会认为此人做事细心、有条有理,进而会想,这个人一定有责任心,你就可能会在心里产生最初的满意的感觉,并且还会联想到其人会有这样、那样的能力。反之,倘若一个人给你的最初形象是衣冠不整,嘴巴里还骂骂咧咧,你定然会作出其缺乏道德观念的结论，甚至还会联想到此人的其他缺点。

所以，在你要开始进行交友、求职等各种攻势之前，请先花些时间审视一下自己。你的外表、穿着打扮、举止是不是能被大众所接受？不管你多么热情和健谈，不管你多么懂得社交技巧，如果你的打扮过于考验大众的接受力，恐怕在一开始，你就会给人一种"不好接触，不容易相处"的感觉，从而让你所有的努力在一开始就注定会有失败的结果。

一个人的仪表不但可以体现他的文化修养，也可以反映他的审美趣味。穿着得体，不仅能赢得他人的信赖，给人留下良好的印象，而且还能够提高与人交往的能力。相反，穿着不当、举止不雅，往往会降低你的身份，损害你的形象。

由此可见，仪表是一门艺术，它既要讲究协调、色彩，也要注意场合、身份，同时它又是一种文化的体现。

你对别人可以抱着不能以貌取人的原则，但你无法阻止别人对你"以貌取人"。在竞争激烈的现代社会，我们为什么不利用一切有利条件来使自己在竞争中占有更大优势呢？

在我们今天越来越复杂、生活节奏越来越快的社会，人们恐怕来不及有时间去认真地、深入地了解一个人，而只根据对一个人的外表产生对某人的某种印象。所以为了更好地适应现实，给与我们交往的人留下更好的印象，我们应该花一定的精力在自己的外貌上。虽然我们要更重视内在的实力，但如果你富有外在魅力，会对你的事业有所助益。外在魅力十足的人，让人产生"事业心强、办事牢靠、和蔼可亲、有远见、有自信、意志坚强、性情开朗、认真直率、城府不深、容易沟通"等好感。

如果领导者具有外在魅力，必然带给人亲切和有能力的感觉，也容易被认为具有优良的品行，那么在说服或交涉之际必占有利的地位。

有效沟通的艺术

第一印象是人与人之间展开良好沟通的通行证。一个衣着得体、妆容适当的人会受到大家的欢迎，人们也乐于与其打交道；而一个不修边幅、太过随便的人会给人一种不想与之深交的念头。

打造亲和力，沟通没距离

有些人的人缘特别好，特别吸引朋友，讨人喜欢，即使是第一次与人交往。这到底有什么秘诀？对于这样的人，我们不禁感叹地说："他把人吸引到自己身边了！"这真是一句妙词，一语而中的。

还有这样一种人，也许他是我们当中最优秀的，但是我们不见得会愿意与他深交。如果要问理由，那只有一个：和他在一起觉得不自在。因为他所散发出来的优秀气质，让我们感到某种距离，感到某种压抑，感到自卑。即使这个人非常杰出，作为朋友，人们也会对他敬而远之。

下面列举的，是一般人所需要的三大基本渴望。利用这三种渴望，就能提高你的吸引力和亲和力，让你获得好人缘。

1. 容纳

容纳是人际关系的维生素。每个人都希望自己完完全全地被接受，希望能够轻轻松松地与人相处。在一般情况下，和人相处时很少有人敢于完完全全地暴露自己的一切。所以，若是有人能让我们轻松自在、毫无拘束，我们是极愿和他在一起的，也就是说，我们希望与能够接受我们的人在一起。

专门找人家错处而吹毛求疵的人，一定不是个好亲人、好朋友。请不要设定标准让别人的行动合乎自己的准则。请给对方一个自我的权利，即使对方有某些特别之处也无妨。不要要求对方完全符合自己的喜好，或者行动完全符合自己的要求，要让你身旁的人轻松自在。

能接受任性、残暴的人往往具有带动他人向上的最大力量。有一个原本脾气暴躁、动作粗鲁的人，在不知不觉中却变成了一个和善、可靠的好人，问他原因，他回答说："我的太太信赖我。她从不责备我，只是一味地相信我，使我不好意思不改变。"

某位心理学家说："要改变一个任性或残暴的人，除了对他表示好意，让他自己改变之外，再也没有其他更好的方法了。"很多优秀的人，往往能影响本质善良的人，接受他们，使他们变得更好，但是对于任性、残暴的人，他们往往束手无策。因为优秀的那些人根本不能接受粗暴的人，甚至于避之如蛇蝎，在感情上并不相通，还怎么能想象对方变好呢？一位有名的精神科医生谈到人际关系中的容纳问题时，说道："如果大家都有容纳的雅量，那我们就失业了！精神病治疗的真谛，在于医生们找出病人的优点，接受它们，也让病人们自己接受自己。每个人刚生下来，都很轻松自在，长大的同时会暴露出恐惧与羞耻心。医生们静静地倾听患者的心声，他们不会以惊讶、反感的道德式的说教来批判。所以患者敢把自己的一切讲出来，包括他们自己能够感到羞耻的事与自己的缺点。当他觉得有人能容纳、接受他时，他就会接受自己、有勇气迈向美好的人生大道。"

2. 承认

人们的第二渴望就是获得承认。承认比容纳更深一层。容纳，实际上是消极的作法。我们容纳对方的缺点与短处，伸出热情的双手接受他们，这只是消极的作法。倘若是积极的做法，就是找出对方的长处，不光是停留在接受、忍耐对方的缺点上。

有一天，一位父亲带着自认为是无可救药的孩子到心理学家那里去。那个孩子已经被反复灌输了自己没有用的观念。刚开始，他一语不发，无论怎样询问、启发，他也绝不开口。心理学家一时之间也真是无从着手。后来心理学家从他父亲所介绍的情况和所说的话里找到了医治的线索。但孩子的父亲坚持说:"这个孩子一点长处也没有,我看他是没指望,无可救药了!"

心理学家开始应用承认的方法,找出他的长处,这个孩子不可能没有任何长处。最终他找到了这个孩子喜欢雕刻,甚至在这方面具有很高的天赋,颇有高手的技能。他家里的家具也被他刻伤,到处是刀痕,因而常常受到惩罚。心理学家买了一套雕刻工具送给他,还送他一块上等的木料,然后教给他正确的雕刻方法,不断地鼓励他:"孩子,你是我所认识的人当中,最会雕刻的一位。"

从此以后,他们接触得频繁起来。在接触中,心理学家慢慢地找出其他优点来承认他。有一天,这个孩子竟然不用别人吩咐,自动打扫了房间。这个事情,使所有的人都吓了一跳。心理学家问他为什么这样做?孩子回答说:"我想让老师您高兴。"看来,被人承认是每个人所渴求的。其实,要满足这项欲望并不难。

你对一位电脑专家夸他眼光好,夸他善于看穿行情,洞穿下一步电脑发展的趋势,他可能不以为然,觉得你不过是在拍他的马屁而已。因为他并非只以一个成功的电脑专家自居。不过,换一个角度,你夸他做的家常菜十分有味道,也许他会乐昏了头。称赞人的规则是:夸奖别人还没有显现出来的长处,才能使人快乐。每一个人一定都拥有不大为人所知的优点。为什么我们不去发掘这些尚不为人知的方面呢?

3. 重视

人们的第三个渴望,是受人重视。所谓重视,就是提高价值。我们都要求别人能够重视自己的价值。为了表示我们对他人的重视,请注意以下的四种方法:不要怠慢人;对于不能立刻会面的拜访者,应尽早约他会面;时时感谢别人;对他人"特别"招待。

美国前邮政部长詹姆士·法利是亲和力强、重视别人的人。一个有趣的事例表明，法利先生是一个知道如何增强亲和力、让人喜欢自己的专家。那是发生在费拉德菲尔城举办的一次"读书和读者"会上的事。当法利先生和其他演讲者到宾馆去吃午饭的时候，他们在走廊遇到了推着餐车的女服务员，餐车上装载着桌布、毛巾和其他用具。他们绕过餐车走了进去，这位服务员丝毫没有注意到他们。这时，法利先生向她走了过去，并且伸出手说："嗨，你好，我是詹姆士·法利。能告诉我你的名字吗？很高兴认识你。"当这群人走过大厅的时候，一些人回过头看了看那位女孩，她嘴巴张得大大的，显得十分惊讶，但是，她的脸上随后绽开了甜美的微笑。

在现实生活中，凡是取得成功的人士，在社交场合中都能够做到平易近人，善于营造舒适、自然、轻松的气氛，这也是他们拥有良好的人际关系的根本原因。

有效沟通的艺术

人们都喜欢与看上去比较容易亲近的人沟通，不喜欢冷若冰霜的面孔，所以，要提升沟通力应首先打造你的亲和力。容纳别人、对别人热情、见面微笑，都是打造亲和力的法宝。当你主动愿意接近别人时，自然会赢得别人的真心微笑与亲近感。

人格魅力足，沟通自然顺

个人魅力已成为当今社会的核心概念之一，人们对魅力的依赖已经成为一种生存状态。《你的形象价值百万》的作者、著名形象设计师英格丽·张认为，个人魅力并不是一个简单的穿衣、外表、长相、发型、化妆的组合概念，而是一个综合的全面素质，一个外表与内在结合的、在流动中留下的印象。

个人魅力并不简单是漂亮的脸蛋儿、窈窕的身材、迷人的微笑或潇洒的举止，而是包括自我思想、追求抱负、个人价值和人生观等方面，以及与社会进行沟通并为之接受的方法等。

在与他人初次交往中，个人魅力的表现形式往往体现在其在他人眼中的形象。

形象通常分为外在形象和内在形象两种。外在形象是相貌、衣着等一些外在特征。它是人们根据自己的职业和地位等社会特征来进行开发、定位，然后展现给别人看的。

出席一个重要会议该穿什么颜色的衣服？配哪种衬衣和领带？裤子和鞋子的搭配是否协调？喷洒哪个牌子的香水？你是否对上面的这些生活细节不屑一顾？如果是这样，你就错了。你应该意识到，外在形象在一个人的人生旅途中扮演着不可忽视的角色。

而内在形象是不能仅靠看一眼外表就能让人认识到的，它是一种精神表现。我们来想象一下从未见过面的历史人物的形象。比如，一提到天才音乐家，你马上就想到贝多芬，而贝多芬的相貌特征、衣着打扮你并不知道。内在形象就是那些天才的或超群的特征部分会转变成记忆留在别人脑海中的特征,这些特征与拥有它们的人紧密联系,并给人留下深刻印象。

美国一位高级礼仪顾问威廉·索尔比说:当你走进一个房间,即使房间里没人认识你,或者只是跟你有一面之缘,他们却可以从你的外表对你作出以下几个方面的推断:经济水平、受教育程度、可信任程度、社会地位、个人品行、成熟度、家庭教养情况和是否是成功人士。

其实,这里即涵盖了外在形象的概念,也包括对内在形象的判断。

良好的形象不仅能够提升个人品牌价值,而且还能提高自己的信心。形象的影响无所不在,对于面试的人,它影响你是否能面试成功,赢得职位;对于同事,它影响你们是否合作愉快;对于客户,它影响你的财路是否畅通。正因为如此,你才要塑造好自己形象。

你是否以为你所欣赏的魅力男人或者魅力女人是天生的?你是否正在为自己没有好的形象而闷闷不乐?事实上,那些魅力男人或者魅力女人大都是通过后天学习才逐渐完善的。每个人都有不同程度的潜在魅力,每个人都是一个有待开发的魅力宝库,每个人都可以塑造出光彩照人的形象。

大家一致公认小琳是办公室里最漂亮的女人,她皮肤白皙光滑,标准的鹅蛋脸型和双眼皮的大眼睛比例协调,然而,小琳精致的脸总让人感觉好像缺少了什么,那是什么呢?却又说不清楚。有人说她的眼睛大而无神,有人说她的表情太平淡,有人说她的漂亮让人一览无遗反而没味道了,总之看一阵就审美疲劳了。相比之下,小优虽然不算美女,眼睛小了点,嘴大了点,却透着一股灵慧聪敏,尤其抬头看人的时候双眸炯炯有神,眉宇之间有种脱颖而出的东西,会让人刹那间走神。于是大家评价说小琳很漂亮却没气质,小优不漂亮却很有气质。

可见,一个人具备什么样的气质,对其精神面貌有很大的影响。那么,我们要从哪些方面入手打造自己的优雅气质呢?

1. 修炼内心

气质美首先表现在丰富的内心世界。有理想则是内心丰富的一个重要表现。因为理想是人生的动力和目标，没有理想和追求，则内心空虚贫乏，是谈不上气质美的。品德是气质美的又一重要方面，为人诚恳、心地善良是不可缺少的好品德。文化水平在一定程度上影响着家庭生活的气氛和后代的成长。此外还要胸襟广阔。

2. 注意举止

气质美还表现在举止上，一举手、一投足，走路的步态，待人接物的风度，皆属此列。朋友初交，互相打量，便可产生好的印象。这个好感除了源自言谈之外，就是举止的作用了，应热情而不轻浮，大方而不做作。

3. 完善性格

气质美还表现在性格上。这就是说要注意自己的涵养，应忌怒、忌狂，能忍让，体贴人。温柔并非沉默，更不是逆来顺受、毫无主见，相反，开朗的性格往往透露出天真烂漫的气息，更能表现内心情感，而富有感情的人更能引起共鸣。

4. 培养高雅的兴趣

高雅的兴趣也是气质美的一种表现：爱好文学并有一定的表达能力，欣赏音乐且有较好的乐感，喜欢美术并有基本的色彩感，等等。有许多女人并不是大美人，但在她们身上却展现了夺目的气质美，例如，工作认真、执着、聪慧、洒脱、敏锐、精明、干练。这是真正的美、和谐统一的美。追求美而不亵渎美，这就要求我们每一个热爱美、追求美的人都要从生活中悟出美的真谛，把美的形貌与美的气质、美的德行结合起来。只有这样，才是真正的美。

有效沟通的艺术

为了促进有效沟通，打造良好的气质是必要的。良好的气质魅力绝不仅仅在于外表，它是每个人言谈、表情、动作、语音、气质、风度、品位等综合因素的体现。只有平时注重自身知识积累、能力积蓄、修养提高、着装得体、谈吐文雅，才能做到卓尔不群。

关切的问候，贴心的帮助

我们做人做事要随时关心别人，协助别人满足他的需要。希望自己被他人关心注意，是人类最大的需要。

我们自婴儿时期就发现了一个事实：我们的需要（如吃奶、除去潮湿的尿布等）都是在有人注意的情况下获得满足的。因此"有人注意"就形成了"将获得满足"的符号。于是，小孩子只要看见母亲或是听到母亲的声音便停止啼哭，因为他已获得了安全感。这种印象一直保留下来，使每个人都切望别人的关心。当我们知道四周的人对自己十分关心时，就感到安全了。

有家餐厅，一群人坐着聊天，适逢餐厅员工下班，有位服务员推自行车时，不小心摔了一下，只见经理快速起身跑了过去，扶起那位服务员关切地问："摔伤了吗？要不要去医院看看？"服务员回答："不用。""你看腿都摔破皮了，去餐厅搽点药，歇歇再走吧。"经理小心地扶着她回到餐厅，然后就去找药，找到药后，又亲手替她擦上，还对她说如果不舒服，下午就不用来上班了，工资照发。那位服务员连声说："不用，不用。"该经理的做法比发几百元奖金更能赢得这位服务员对工作的热爱。

对小事的处理能反映人的素质。到公司上班时，大家相互见面打个招呼，问生病恢复上班的同事一声："身体完全好了没有？要不要再多休息几天？"或者问候请假的同事："家里的事解决了吗？要不要帮忙？"这种简短的问话，却能温暖人心。你心里关怀别人，但不说出来，别人又怎

上篇　沟通秘籍

能知道？即使简单地作出一些关切和问候，在一定程度上也能打动人心。

有些人和同事、熟人、朋友许久没见面了，但见了面后，却仍然还像平时一样无话可说，这样岂不令人伤心？试想如果你许久没上班，上班后别人见到你没有任何特别的表示，你心里一定会有这种感觉：我这么久没来上班，原来他们还不知道，我在他们眼里太不重要了。既然你有这样的感觉，别人也一样。下次你遇见许久没见的朋友时，别忘了用惊讶、亲热的语气表达你的问候，"好久没见你了，干什么去了？""好久没见了，真有些想你。"

关心别人，意味着被他的兴趣所吸引，为他的高兴而高兴，因他的担忧而担忧。一个人只要对别人真心感兴趣，就必将赢得真正的友情，必将在需要帮助的时候获得毫不犹豫的帮助。

我们经常碰到这样的情况，出门办事，在一个路口碰上了堵车，耽误了半天才过去。其实当时车并不算多，只因为那儿的红绿灯坏了，人们便互不相让，争着往前开，结果许多车横在路中间，弄得谁都过不去。当时如果大家都能相互退让一下，可能早就都过去了，不至于堵半天。因为自私，有些人不肯帮助别人，不肯为别人而牺牲自己的一丁点利益，结果却是害人不利己，自己却失去得更多。其实，帮助别人就是帮助自己，为别人付出的同时，快乐和富裕便会进入你的心中，相反，如果困守在自设的真空中，不肯接受也不愿意付出，那很有可能使自己窒息。不管何时，不管何地，只要你肯付出，就能得到回报。只有在别人需要帮助的时候能不假思索地伸出援助之手，才能在你陷入危机时得到别人的帮助。

帮助别人就是帮助自己，在生活中，当你为别人付出的时候，本身就会体验到快乐，因为付出也是一种快乐。为别人付出你的爱心，会种下一片希望，就会有硕果累累的一天，就能品尝到丰收的喜悦。

许多人活一辈子都想不到，自己在帮助别人时，其实是在帮助自己。

他们会问："明明是我去帮助他们，他们受惠，怎么是帮助我自己呢？我受的惠在哪里呢？"其实一个人在帮助别人时，无形之中就已经投资了感情，别人对于你的帮助会铭记在心，只要一有机会，他们会主动报答的。

一个极其寒冷的冬日的夜晚，路边一间简陋的旅店里来了一对上了年纪的客人。不巧的是，这间小旅店早就客满了。"这已是我们寻找的第十六家旅社了，这鬼天气，到处客满，我们该怎么办呢？"这对老夫妻望着店外阴冷的夜晚发愁地说。

店里的小伙计不忍心这对老人出去受冻，便建议说："如果你们不嫌弃的话，今晚就住在我的床铺上吧，我自己在店堂里打个地铺。"老夫妻非常感激，第二天要照店价付客房费，小伙计坚决拒绝了。临走时，老夫妻开玩笑地说："你经营旅店的才能真够得上当一家五星级酒店的总经理。"

"那敢情好！起码收入多些可以养活我的老母亲。"小伙计随口应道，哈哈一笑。

没想到两年后的一天，小伙计收到一封寄自纽约的来信，里面夹有一张往返纽约的双程机票，信中邀请他去拜访当年那对睡他床铺的老夫妻。

小伙计来到繁华的大都市纽约，老夫妻把小伙计引到第五大街和三十四街交汇处，指着那儿的一幢摩天大楼说："这是一座专门为你兴建的五星级宾馆，现在我们正式邀请你来当总经理。"

年轻的小伙计因为一次举手之劳的助人行为，美梦成真。这就是著名的奥斯多利亚大饭店经理乔治·波菲特和他的恩人威廉先生一家的真实故事。

任何一种真诚而博大的爱都会在现实中得到应有的回报。善待别人，即是善待自己。

有效沟通的艺术

我们自己渴望别人关心,应当想到别人也有同样的需要。你越关心别人,你在他生活中就会越重要,自然而然,他也会转而关心你。

第三章
态度决定沟通，别让情绪阻碍了沟通

  有效的沟通需要双方有良好的情绪和沟通氛围。一个满脸怒气的人与人沟通的效果，自然与心平气和的人与人沟通的效果不一样，而心态不好的人也很难和有较好的心理状态的人说到一起。态度决定沟通的成败。要想与人实现高效沟通，先要端正你的态度，调整你的情绪，稳定你的心态。在良好的情绪下交流，沟通当然会称心如意。

阳光心态，让沟通更顺畅

当我们无法获得众人的认同而陷入低潮时，就会想尽办法逃离。或许有人会觉得掩藏、矫饰自己，刻意表现圆滑、美好的一面，是与人相处的最佳模式。但这些人却经常在空闲时觉得烦躁、不耐烦与疲倦，或者不想出门、不想看到朋友，甚至于是不愿意面对自己。

在人际关系中，即使你再怎么在乎别人，费尽心思改变自己来讨好别人，还是无法满足所有人的期待。有时候，我们不愿意跟"大家"一样，并不全都是自己的问题，只能说是我们真的不喜欢那样的生活方式罢了。如果不愿意接受自己与别人的差异，硬是要跟大家一样，去扮演着与内心并不契合的角色，我们怎么可能会晓得该如何珍惜、疼爱自己。

当我们觉得累了、倦了，对生活感到不满与抱怨，未必是我们又在胡思乱想了，也有可能是因为无法满足心中真切的渴望所致。在这个时候，若是肯静下心来自我聆听，或许就会听见内心的某种声音。我们真该停下脚步仔细地想一想！

如果跟别人相处的"最佳模式"是我们不愿意接受的，我们又要如何跟自己相处呢？我们与人相处时，所盼望的真是现在这个样子吗？是什么原因使得我们不得不是现在这个样子？是别人的过度期待，还是自己过于恐惧别人的眼光？如果真要改变这样的生活，或者说是要活出真正的自己，我们会得到或是失去些什么？如果我们不是真正的自己，别人要如何来爱这戴着面具的自己呢？

我们得认真地思考这些问题，否则总是恐惧于别人的眼光，即使是再有能力的人，也会穷于应付而戴上本不愿意戴的"面具"！这样一来，任谁也不会晓得该如何来爱自己！

所以，沟通并不一定是让别人认同自己的意愿，也没有必要让自己违心地附和别人。合得来的人、合不来的人都可以多沟通、多交流。无论是谁，都是从觉得与对方合不来的一瞬间开始，进而不知不觉回避与对方交往的，这样一来，彼此之间的关系永远也得不到好转。其实，越是觉得与对方合不来，就越需要增加与对方交流沟通的次数，越需要主动了解对方。这样做是为了增进彼此了解。

掌握了对方的性格与个性，才能消除误会和偏见，进而才会相互信任和理解，达到消除隔阂的目的。

有些人不善于表达情感，属于情感内藏型。通过多接触、多沟通、多交流，很可能会发现自己对其有诸多误解，彼此之间的关系也很可能因而得以好转。

也有些人不能很好地看到别人的优点和长处，相反却总看到别人的缺点和短处。这样的人即使勉强说一些赞扬别人的话，也很可能会引起别人的不高兴。如果你也有这种倾向，那你一定要试着改变自己的视点。

优点和缺点往往是相对的。随着着眼点的不同，缺点可以变成优点。一开始就与自己情投意合的人，在与对方的交往中自然会看到对方的优点。可是，自己觉得有些不好应付的人，就容易看到他的缺点。这都是受到自己看法和观点的影响。如果能冷静地看别人，认为是缺点的地方也可以看成是优点，那么就会加深彼此的印象和情感，这也是良好交际的开端。

有效沟通的艺术

要与人沟通，首先要摆正心态。拥有阳光心态的人总能给人一种舒服感，人们也觉得和他们沟通起来更轻松和快乐。

因此，应主动与别人多接触、多沟通、多体察别人，学会适应别人的优点和不足。这是有效沟通的最大秘诀。

控制情绪，沟通不伤人

在生活中，我们常常看到这样一些现象：在人多拥挤的公共交通工具上，乘客之间由于无意碰撞而引起争吵，双方闹得脸红脖子粗；学校里同学之间为一些鸡毛蒜皮的小事，如不小心碰落了别人的铅笔盒之类而出言不逊，大动肝火，怒气冲冲；邻里之间为了一些小纠纷而各不相让，争吵辱骂，没完没了。这些都是无原则的冲突，不必要的感情冲动，毫无意义的生气动怒，是无益之怒。

一个人在发怒的时候，最难看。哪怕他平时面似莲花，一旦怒而变青变白，甚至面色如土，再加上满脸的筋肉扭曲，那副面目实在不仅是可憎而已。俗语说，"怒从心上起，恶向胆边生"，怒是心理的也是生理的一种变化。人逢不如意事，最容易勃然变色。年少气盛，一言不合便怒气相加，但是许多年事已长的人，往往一样的脾气暴躁。有一位老者，已到古稀之年，并且半身瘫痪，每天早晨必阅报纸，戴上老花镜，打开报纸，不久就要把桌子拍得山响，吹胡子瞪眼，破口大骂。报上的记载，他看不顺眼，不看不行，看了怄气。这时候大家躲他躲得远远的，谁也不愿招惹他。过一阵后，他的怒气也就消了。

盛怒之下，体内细胞不知道要损伤多少，血压不知道要升高几许，总之是不利于健康的。而且血气沸腾之际，理智不大清醒，言行容易过分，于人于己都不相宜。燕丹子说："血勇之人，怒而面赤；脉勇之人，怒而面青；骨勇之人，怒而面白；神勇之人，怒而色不变。"其实这里所形容的"神勇"是从修炼中得来的。若天生喜怒不形于色，那天赋实在太高了。

既为芸芸众生，谁能天生有这样的天赋呢？所以，一般人还是少发脾气、少惹麻烦为上。为别人所犯下错误生气，无疑是在拿别人的错误来惩罚自己，想一想，这是多么划不来啊！为突然而至的情绪生气，发了一场熊熊的无名火，想一想，这对别人来说，又是多么的不公平！

如果不能控制自己的脾气，那么至少要懂得控制自己的嘴巴。生气时，请不要随便开口，人在这时吐出来的话，往往都不会是"象牙"。

人与人之间难免为了工作发生矛盾和争吵，产生怨气或怒气。经常情绪焦虑的人伤人又伤己，不仅影响人际关系，也影响身心健康。所以，为了有一个良好而温馨的沟通环境，控制情绪、化解怒气是有必要的。下面是一些化解怒气的小方法。

1. 意念控制法

在发火时，心中默念：别生气，别跟他一般见识，有什么天大的事要发这么大的火呢？这样做会收到一定的效果。

2. 回避矛盾法

如果与同事刚发生了激烈的争吵，大家都在气头上，容易引起进一步的争吵，最好暂时回避他，这样可以做到眼不见、心不烦，怒气自消。

3. 转移思想法

人在生气时，如果始终想着生气的事情，会越想越生气，越想越难过。相反，如果通过其他途径有意识地转移自己的思想，做一些自己喜欢的事情，比如逗孩子玩、去商场购物，就可以转移大脑的兴奋点，让怒气在不知不觉中消失。

4. 自我超脱法

自己提出的工作方案，可能会遭到半数以上的人的反对，包括上司和同事。也许是对你期望值太高，也许是认为你工作能力差，这都是正常的现象，不必忧虑和生气。

5.积极沟通法

当争吵双方都心平气和的时候,利用午休时间聊聊天,谈谈各自的爱好,或许你会发现你们之间并没有什么重大的"阶级"仇恨。大家都是为了工作,不要把工作中的矛盾延续到生活中。

6.提高修养法

平时多做一些提高修养的事,种种花,养养鱼,练练画,学学书法,为人会变得谦和有礼,不容易暴躁和动怒。

有效沟通的艺术

情绪化是不成熟的表现,喜怒皆形于色的人会令人反感,甚至容易被他人操纵。所以,我们要善于把喜怒哀乐隐藏起来,能够驾驭情绪,不被情绪所左右,做到成熟和理智。

平等对话，沟通可以更轻松

倘若每个人都设身处地地替他人着想，人们哪里还会有什么不满的情绪？更别说会造成人与人之间的隔阂、代沟了！

有一句话说："人必自重而后人重之。"这句话是要提醒人们时时注意自己的行为得不得体。然而，一个人太过"尊重"自己，往往会变成"自视过高"，甚至"自私自利"，凡事只想到自己的利益和别人对自己的评价。

"自重"也许会让别人不能不"重视"你的存在，但是只有当你也以同等的尊重对待别人时，别人才会打从心底里"尊重"你。一个懂得尊重别人的人，在世界的任何一个角落，都能轻易找到自己的位置。

读书时，小林曾在美国的一家快餐店打工。刚上班不久，他对工作程序还不熟练，错把一小包糖当作奶精给了一个女客人。

他的这一个小小疏忽，使得这位女客人非常生气。也许是因为她正在减肥，或者是刚失恋，她当着所有客人的面大声对小林咆哮，简直把那包糖当成毒药："你干什么给我糖？难道还嫌我不够胖？"

那时的小林初来乍到，完全不懂减肥对美国人来说是一件多么重要的事，呆呆愣在那里，不知所措。

快餐店的女经理闻声而来，沉着冷静地面对这一切，在小林耳边轻轻地说："如果我是你，我会马上道歉，并且把她要的东西快点给她。"

小林按照经理的吩咐做了，致上最诚挚的歉意。那位客人有了台阶下，数落了几声就放过他了。

闯下这个大祸后，小林忐忑不安地等着经理出来数落他。没想到经理只是过来对他说："如果我是你，我会在下班后把这些东西认认真真熟悉一下，以后就不会再拿错了。"

不知道为什么，这一句"如果我是你"竟然使小林非常感动，好像听到的是一位朋友的意见，而不是上司的命令，他有一种受到"尊重"的感觉。

后来，小林比较幸运，无论是在学校上课，或在其他地方打工，不管是老师也好，老板也好，他们明明提出了不同意见，明明是在批评小林哪里不好，但他们却很少会直接的责问。他们不会说："你怎么能这么做？""你以后不能再这么做！"而是用委婉的口气说："如果我是你，我大概会……"

这种交谈方式使小林完全不会感到难堪或沮丧，取而代之的是一些温暖和几许鼓励。

只是多了那么几个字，一下子就站到了对方的立场。所以，大家站在同一阵线，每个人都设身处地地替他人着想，哪里还会有什么不满的情绪？

小林时常想："真奇怪，怎么我碰到的老外就这么会做人？他们真懂得说话的艺术，可以把话讲到人的心坎里。"后来，他发现他们之所以会如此说话，是因为他们打从心底里这么想。

当你真正尊重别人，你说出来的话也会像沾了蜂蜜一样甜，而且你所沾的是天然的蜂蜜。

有一次，小林去一个美国演员家做清洁工。这个演员不是什么大明星，但也是位于金字塔的中上层，当女主人交代完小林所该做的工作，突然对他说："请问我能够吸烟吗？"

小林吃了一惊，结结巴巴地回答："你……你是在问我？"

她笑着说:"是啊!我想抽根烟,可以吗?"

"这是你的家呀!怎么抽烟还要经过我的同意?"

"我吸烟会妨碍到你,当然应该要得到你的允许。"她一副理所当然的样子。在小林点头之后,她才拿起烟,把它点燃。

那天,小林发呆了很久,也想了很久。一个人在自己家里抽烟,还要温文儒雅地征求清洁工的同意,真是匪夷所思!更何况这位清洁工还不是本地人,根本不可能会有沽名钓誉的嫌疑。

小林不得不承认,在女主人征询他同意的那一刻,他是相当高兴的。尽管他当时只是一个清洁工,还是可以和人平起平坐,仍然有不被侵害的权利。因为尊重,他并不比任何人矮一截。

还是那句老话:"人必重人而后人重之。"

有效沟通的艺术

想要得到别人的礼遇,先问问你自己付出了多少。你不比任何人矮一截,同样的,也没有任何人比你矮一截。

不怕麻烦，耐得住性子

做事难，做人更难。难就难在：无论多么简单的事，也会被人弄得复杂起来。

单纯一件事，只要肯下工夫，要把它做好并不难，但一扯上人为因素，简单的事也会变复杂。而依人的智慧、经验、价值观念以及利益的不同，事情的复杂度也会有所不同，就好比一条绳子打上了千百个结，世上的事多半如此。

公司调整人事时，好的位子人人想要，施压的施压，钻营的钻营，这就像打了千百个结的绳子；商人要争取大生意，几年前就开始打通人脉、收集情报、训练人员，每个步骤都是考验，也都需要解决，这也像打了千百个结的绳子。而要解开这些绳子上的结，要的便是"耐烦"。

事实上，要做好一件事，解决一个问题，最需要的是智慧、经验，那么为何在此特别提出"耐烦"两字呢？

这里有几个原因。首先，有智慧、有经验的人固然能做好事，也能解决问题，但若无"耐烦"的本事，则无法做好磨人磨得发狂的事，也无法解决复杂多变、不知从何下手的问题。所以，没有"耐烦"，徒有智慧和经验还不能成就大事。

"耐烦"既和客观环境比耐力，也和竞争对手比耐力，你能"耐烦"，就不会输。若你因不耐烦而半途放弃，那么就先输了。很多在人生竞赛中落后的人都是因为不耐烦，而不是因为智慧不如人！

在工作中，往往有一些琐碎而无价值的事，通常是一些不重要的任务或工作，而且报酬低。它们消磨你的精力和时间，让你不能处理更为重要且当务之急的工作。琐碎无价值的工作可能是将文件归档、清理办公桌抽屉、日常文书工作或者没有紧迫任务时任何人都可以做的那种工作。

如果你刚刚踏上工作岗位，每天面对这些琐碎而无价值的事，会不会感到厌烦？尤其是刚进入社会的年轻人，很有干一番事业的雄心，对这些鸡毛蒜皮的小事往往会不屑一顾。人生一世，谁都不甘平庸，都想成就一番大业，不虚此生。可是这世界上能干事的人不少，成大业的确实不多，究其原因，方方面面，主客观因素都有。比如，要有良好的社会背景，有千载难逢的机遇，也要有智商、有文化、有修养等。但"耐不得烦"却是一个常常被人忽略的重要因素。

"要能耐得住烦"就是要站得高，看得远，不为眼前的得失而影响大目标、大事业。"耐烦"就是不要急功近利，不要因小失大。能"耐"一次"烦"，便能"耐"两次"烦"，这种本事一变成习惯，将是成就大事业的基础。

至于如何培养"耐烦"的本事，并无捷径，也没有速成班，更没有补习班可以教，这是个人意志的问题。换句话说，你只要在碰到"很烦"的事时，告诉自己——要耐烦！然后仔细地、耐心地、不动声色地分析该如何做这些事，解决这些问题，那么慢慢地，你便有了"耐烦"的本事。

有效沟通的艺术

无论做什么事都需要耐烦的精神，沟通也是如此。没等对方说完话就不耐烦地躲开了，不给别人一个解释和说话的机会就让对方闭嘴，这种不耐烦的情绪会把沟通拒之门外。

第四章
摆事实讲道理，沟通有理说服有道

当出现矛盾和分歧时，最有力的说服手段是用事实说话。晓之以理，以理服人，事实胜于雄辩，这些箴言无不表明事实和道理的重要性。没有理论为依据的说服是软弱的，而一味地争辩也难以赢得对方的信任。由此可见，沟通不只是唇枪舌剑的论战，有时一个道理或一个论证就会驳得对方哑口无言。

说服之前先了解对方

富兰克林曾经提醒说:"当发怒和鲁莽开步前进的时候,悔恨也正踩着两者的足迹接踵而来。"遇到不如意的事情就勃然大怒,只不过是宣泄自己的不满情绪,绝不会帮助自己解决问题,或是走出困境。

某企业的一个市场调查科长,因为提供了错误的市场信息而造成了企业的重大损失。犯了这样严重的错误,毫无疑问,企业总经理可以不问理由地对他进行斥责,甚至撤职。但是,这位怒上心头的总经理,还是忍了忍,他想得先了解一下:到底是这位科长本身不称职而听信了错误信息呢,还是由于不可预料的原因导致的?

于是,这位经理压下了心中的怒火,只是心平气和地把科长叫来,叫他把为什么判断失误的原因写一个报告交上来。事情就这样拖了一段时间,几个月之后,这家公司因为这位市场调查科长提供的信息极为准确而大赚了一笔。

总经理又叫人把那个科长请来,说:"你上次的报告我看了,你们的工作做得不太细致,有一定责任,但主要是不可预测的意外原因造成的,因此公司决定免除对你的处罚,你也就不要把它再放在心上,只要以后吸取教训就行了。这一次,你做得不错,为公司提供了重要信息,我们要表彰你。"说完之后,总经理随即从办公桌里拿出一个红包递给他,这个科长接过来时,不禁眼眶泛红。

俄国文豪屠格涅夫曾经说道:"开口之前,应该先把舌头在嘴里转十个圈。"

身为领导者千万不能随便发脾气，在批评下属之前，一定要把情况了解清楚：这个错误是不是他犯的，这个错误是由于主观原因，还是客观原因，等等。

如果你一看到下属出了问题，就不管三七二十一痛加批评和指责，假如他真错了，也许就默认了；但如果不是他的错，肯定会对你满肚子意见，虽然口头上不说，但心里一定怨恨："你怎么连情况都不问清楚，就随便骂人呢？真差劲！"

因此，千万要切记，在开口批评别人之前，一定要了解事实，在心里问一下自己："我不会搞错吗？"否则，乱指责人，不仅落了个乱骂人的坏名声，事后还得向下属赔礼道歉。

然而，就算是你能放下架子，坦率地向下属说："对不起，是我弄错了"，下属所受的伤害和内心对你的憎恶，却很难一下子就消除。

如果你了解这个错误确实是下属犯的，也还要进一步调查和思考，这个下属该承担多大的责任？错误的原因是不是不可避免的，是一时的疏忽，还是责任心不强，甚至是明知故犯？

因此，你一定要管好自己的嘴，要牢记一句话："没有调查就没有发言权。"碰到问题时，先别忙着发怒和批评别人，而是了解情况。这样一来，主动权就掌握在你的手里，你想在什么时候、采取什么方式对其进行批评，完全由你决定。

有效沟通的艺术

凡事先调查清楚再作结论，说服也是如此。没有人会凭空去说服谁，也不会不分青红皂白地与人争论、辩解，凡是有说服他人能力的一方，必定是做好了调查和了解的准备的。只有事先了解对方，才能够知道选择什么样的说服方法。

晓之以理，动之以情

在说服对方的时候，言辞应尽可能地温和委婉，勿使对方陷入难堪的境地，尤其注意不要用命令的口吻向人家说话。然而，当对方明显无礼，却强词夺理，以达到推卸责任的目的时，退让便意味着自己无端受损，此时就有必要据理力争。但切记要站在理，不能像对方一样胡搅蛮缠。

一次，当一个旅游团风尘仆仆地赶到事先预定的旅馆时，却被告知套房的浴室没有热水供应。领队找来旅馆经理说："对不起，这么晚还把您从家里请来。但大家满身是汗，不洗洗澡怎么行呢？何况我们预定时说好供应热水的呀！这事只有请您来解决了。"

经理说："这事我也没有办法。锅炉工回家去了，他忘了放水，我已叫他们开了集体浴室，你们可以去洗。"

"我们的确可以到集体浴室去洗澡，不过，套房一人300元一晚是有单独浴室的，现在到集体浴室洗澡，那就等于降低到统铺水平，我们只能照统铺标准，按一人100元付费。"

"那可不行！"

"那就请你给我们的套房浴室供应热水。"

在领队的据理力争之下，自知理亏的经理只好叫来锅炉工，为他们供应了热水。

有时候，双方的矛盾处在僵化阶段，双方在心理上对对方已树起了一道严密、对立的屏障，直言劝解不仅不能达到解决矛盾的目的，反而容易激起当事人的逆反心理，使矛盾更加激化。这时，调解者最好结合当事人双方过去的友谊、情感和亲密的状况，以回忆往事的方法唤起他们对往日情谊的感怀，从而感化他们，使他们在惭愧、不安与反思中化解矛盾。

有两位同胞兄弟因遗产问题发生了纠纷，他们便把外地的大姐请回来作裁判，以求得财产的合理分配。大姐到达的当晚，亲自下厨为两位弟弟做饭。在饭桌上她见兄弟两个互不理睬，便叹了口气说："哎，如今经济条件好了，办一桌饭也不费力了。想想你们小时候连鸡蛋也吃不上呢！有次见别人家的孩子吃鸡蛋，你俩就吵着也要吃。我没法子，就煮了一个洋山芋骗你们说是洋鸡蛋。你俩高兴得直拍手，一个说，弟弟你先来一口；一个说，哥哥你先来一口……"说着说着，大姐眼圈红了。两位弟弟的心弦被触动了，都不好意思起来，接下来再进行遗产分配协商自然就容易了。

大姐是聪明的，她明白就事论事可能会使两人觉得不公平，于是便用回忆往事的方法，对其进行"润物无声"的感化，勾起了兄弟间的亲情，两人自然不会再在财产上斤斤计较了。

除非一个人完全沦丧了道德感，否则他在作出损人利己的事情后，一定会饱受良心的谴责，虽满足了物欲，但精神上会痛苦不堪的。因此，批评者根据对方做错事之后的心理特征，细致地剖析其正在遭受的精神折磨，指出其所付出的道德上的代价，会使对方在产生剧烈的心灵震撼的同时，对自己的所作所为产生深深的痛悔，直至主动承认和弥补自己所犯的错误。

某部队九连，大白天丢了一件大衣。这可把战士们惹火了。有人建议来一次检查，查个水落石出。指导员和连长分析了情况，决定分两步走，一是查找大衣下落，二是进行一次人生观教育。对此，有些人不以为然，说："想靠说空话来捉贼？开玩笑。"

晚饭后，指导员召集全连上课，讲的是"什么是人生的幸福"。他说："从心理学角度讲，幸福是心理上的某种满足和愉悦。革命战士把幸福看作是多数人共同利益的实现。个人主义思想膨胀的人,却把幸福看作是永无止境的个人私欲的满足。在这种思想支配下,他们去偷、去抢,不择手段地捞钱财。"说到这儿,指导员话锋一转,给大家讲了一个小偷的心理特征:"有个小偷,偷了别人的东西后,被惧怕心理折磨得吃不香、睡不着,整天提心吊胆,生怕被人发觉,连听到别人说个'偷'字,也浑身打哆嗦。这样尽管他不缺钱花,但精神上却受到一种永无休止的折磨。以此类比,拿了我们连这件大衣的人,每天不也会受到同样的精神折磨吗?而且,他还失去了一个人最宝贵的品德和尊严,我相信我们连的战士不会这么傻,不会为一件大衣付出如此大的代价。"

当晚深夜,一个战士敲开了连部的门,他要和指导员单独谈话。两个人来到猪圈旁一间旧房子后,战士满怀悔恨地告诉指导员:"大衣是我偷的……"

指导员所作的"人生观教育"对普通战士而言,可能仅有一般的教育意义,可是对那位偷窃大衣的战士而言却是一次强烈的心灵触动,因为指导员不仅仅阐述了两种价值观的本质特征,而且针对该战士的心理特征,形象细致地剖析了他此刻正在承受着的巨大的精神上和道德上的折磨,触到了他心灵的最深处,因而引发了他的内心悔恨。

有效沟通的艺术

以理服人,以情感人,是处理争论和教导他人认错的最有效沟通方式。没有人愿意胡搅蛮缠,无理取闹,讲道理的过程再配合情感攻心术,便可以征服不易被说服的心。

不做没有意义的争辩

当你将要陷入顶撞式的辩论漩涡里的时候，最好的办法就是绕开漩涡，避免争论。你不可能指望仅仅以摇唇鼓舌的口头之争，来改变对方已有的思想和成见。把细枝末节的小事当作天大的原则问题来加以辩论，是因为我们坚持成见的缘故。只要你争胜好斗，喋喋不休，坚持争论到最后一句话，就可以体验到辩论的"胜利"，可是，这种胜利不过是廉价、空洞的虚荣心的产物，它的结果引发一个人的怨恨。

谁能够克服喜好争论的弱点，谁就能在社交中获得成功。在争论中可能你有理，也可能以雄辩取胜，但要想轻易改变别人的主意，你就大错而特错了。

在日常工作中，容易发生争执，有时搞得不欢而散甚至使双方结下芥蒂。人是有记忆的，发生了冲突或争吵之后，无论怎样妥善地处理，总会在心理、感情上蒙上一层阴影，为日后的相处带来障碍。最好的办法，还是尽量避免它。

我们常用这么一句话来排解争吵者之间的过激情绪：有话好好说。这是很有道理的。争吵者往往犯三个错误：

第一，没有明确而清楚地说明自己的想法，话语含糊，不坦白；

第二，措辞激烈、专断，没有商量余地；

第三，不愿意以尊重态度聆听对方的意见。

有一个调查说明，在承认自己容易与人争吵的人中，绝大多数人说自己个性太强，也就是不善于克制自己。

同事之间有了不同的看法，最好以商量的口气提出自己的意见和建议，语言的得体是十分重要的。应该尽量避免用"你从来不怎么样……""你总是弄不好……""你根本不懂"之类的语言，这必然会引起对方反感。即使是对错误的意见或事情提出看法，也切忌嘲笑。幽默的语言能使人在笑声中思考，而嘲笑他人则包含着恶意，这是很伤人的。真诚、坦白地说明自己的想法和要求，让人觉得你是希望合作而不是在挑人的毛病，同时，要学会倾听，耐心、专心地听对方的意见，从中发现合理的成分并及时给予赞扬。这不仅能使对方产生积极的心理反应，也给自己带来思考的机会。如果双方个性修养、思想水平及文化修养都比较高的话，做到这些并非难事。

如果遇到一位不合作的人，你就要冷静，不要让自己也成为一个不能合作的人。宽容忍让可能一时让你觉得委屈，但这却能表现你的修养，也能使对方在你的冷静态度面前平静下来。

当时不能取得一致的意见，不妨把事情搁一搁，认真考虑之后，或许大家能共同找到解决问题的好办法。

善于理解、体谅别人在特殊情况下的心理、情绪是一种较高的修养。有的人生性敏感，有的人恰恰遇到不顺心的事没处发泄怒气，也许对方正生病，这些都可能是造成态度、情绪反常或过激的原因。对此予以充分谅解，会得到相应的回报。

心胸开阔是非常重要的，谁能没有言谈上的失误和过错？对于别人无意间造成的过错应充分谅解，不必计较无关大局的小事情。法国有一句格言说过："两个都不原谅对方细小过错的人不可能成为老朋友。"如果以老朋友的态度进行合作，许多冲突是可以避免的。

有效沟通的艺术

浪费口舌，作无谓的辩解，是最无意义的，这样只会促使矛盾更加激烈，甚至弄得两败俱伤。对一些不值得争论的意见，不妨用谅解的胸怀看待它。或者对当时不能理解的争议暂且放下，过一段时间再来重新看它，也许会另有见解。

找到问题的症结是关键

当问题发生时,你看到的只是表面的结果;问题为什么会发生,这才是你真正应该探究的原因。找出根源,你也等于找出了答案。

业务员小周有一个令他十分头疼的客户,这个客户专爱欠账,而且往往一拖就是好几个月。

为了这个客户,小周不知道被经理数落了多少次。其实,并不是他不积极地去催账,只是这家公司老板老谋深算,只要秘书一听见电话那头传来小周的声音,便会马上接着说:"我们老板不在。"然后,"咔嚓"一声挂断了电话,叫小周向谁开口要钱呢?

若是直接跑到客户的公司门口,柜台小姐一看到他,便一定会中气十足地扯着嗓子喊道:"真是不巧,我们老板今天不在!"

做生意做得这么痛苦,小周不是没想过干脆不要和这家公司打交道,只是市道冷清,如果放掉这条大鱼,可能会连鱼干都吃不到!为了长期的利润着想,小周只好硬着头皮,一次又一次地上门去碰钉子。

终于有一天,小周想出了一个对症下药的办法。他匆匆忙忙地来到客户的公司。照例,在门口就吃了柜台小姐的闭门羹,她大声地喊道:"我们老板不在,请你先回去,等老板回来我再请他打电话给你。"

小周只好点了点头,转身走向门口。临走出门时,像是忽然记起了一件事情,他走回柜台,从公文包里掏出一封信交给柜台小姐:"要是老板回来了,麻烦把这封信转交给他。"

说完,小周就急忙离去。

过了一会儿,又看到小周气喘如牛地走回来,他上气不接下气地对柜台小姐说:"很对不起,刚才的信给错了,请还给我。这封信才是给老板的。"

柜台小姐走到办公室里拿了那封信出来交还给小周。

小周瞄了信封一眼,发现信封已经有被拆开过的痕迹,兴奋地说:"太好了!老板已经回来了,请带我去见他。"

就这样,小周顺利地见着了老板,拿到了货款。在把货款放进公文包的同时,他看了看皮包里那封被拆开的信,信封上写着:"内有现金,请亲启。"

小周脸上浮现了得意的笑容。

小周的问题是什么?他有一个贪心的客户,因为贪心,所以欠账,如果想要成功收回账款,小周必须先从人性的贪婪面着手。

任何问题的答案,都隐藏在问题之中。没有人可以处理一个自己不知道是什么问题的问题,解决问题的第一步,是深入了解。

如果对方是一个贪心的人,你就必须诱之以利;如果问题只是来自于误解,你便可以釜底抽薪。

有效沟通的艺术

当你了解了问题的症结在哪里,你便可以得知该从哪里下手。世界上没有解决不了的问题,有的只是你不了解的问题。

上篇 沟通秘籍

一语中的：说到对方心坎上

说话是一个传递信息的过程，提高自己的语言表达能力，把话说好，不仅关系到说话者本人能否准确、流畅地表达自己的思想，而且还关系到你所表达的思想、信息，能否为听众所接受并产生共鸣。把话说好，关键在于能否把话说到别人的心窝里，打动人家的心弦。

某市文化单位要建造一座影剧院。一天，公司经理正在办公，家具公司李经理上门推销坐椅。一进门便说："哇！好气派。我很少见过这么漂亮的办公室，如果我也有一间这样的办公室，我这一生的心愿就满足了。"李经理就这样开始了他的谈话。然后他又摸了摸办公椅扶手说："这不是香山红木吗？难得一见的上等木料。"

"是吗？"王经理的自豪感油然而生。他说："我这整个办公室是请深圳装潢厂家装修的。"又亲自带着李经理参观了整个办公室，介绍了计算比例、装修材料、色彩调配，兴致勃勃，满足之盛，溢于言表。

如此，李经理自然可拿到王经理签字的订购合同。而且，俩人互相都得到了一种满足。

李经理没有直接赞赏王经理有品位、有见地，而只是说起了王经理办公室的豪华气派，令对方倍感自豪，兴致勃勃，从而拉近了与陌生人之间的感情。

投其所好原意是为达到某种目的而迎合对方的爱好，即通过满足对方心理需求这一手段达到彼此相通的目的。

事实证明，与陌生人多说些他喜好的话题，很容易使人产生理解和共鸣，继而就会带来谅解和愉快的合作；反之，则会产生排斥和拒绝。要使对方从消极到积极、从拒绝到合作，就需要积极进行引导、启发。投其所好正是产生理解和共鸣的一种方法。

我们与人说话，要想收到"心有灵犀一点通"的效果，就要理解人们的合理需要，爱护人们的自尊心，要做到这一点，我们在谈话的时候就要经常注意转换角度，即善于站在对方的立场上，从对方的观点来观察问题，如同用你的观点思考一样。如果你不能设身处地站在别人的角度，找到别人的兴奋点、热点，说话很可能会让别人觉得不着边际，引人反感。

有一家电视台，每周设有一次关于人生问题讲座的节目，据说收视率要比其他同时段的节目高出许多。收视率之所以高，当然有许多原因，但其中或许有人们都喜爱观看他人遭遇不幸的残酷心理。不过，最主要的还是因为节目中巧妙的对话，使人百看不厌。

大多数有疑难问题而上电视请教的观众朋友，在开始时，多会对解答者所作的各种忠告提出反对意见或辩解，并且显得十分不情愿接受对方所言。但久而久之，不自觉对解答者所说的每一句话都会频频点头称是。见了这些画面，真是比起在电影院中观赏一部电影的感受还要深。

其实，电视台的主持人和问答者，无不是精挑细选才产生出来的，所以光是听听他们的说服方式也可以获益不少。

对于不易说服的人，最好的办法就是要使对方认为你也与他是站在同一立场的。通常出现在探讨有关人生问题的电视节目的观众朋友，离婚女子占多数。此时，负责解答疑难者常说的一句话是："如果我是你的话，我会原谅他的，而且绝不与他分手。"

千万别认为话中的"如果我是你"只是一句短短的单纯的话而已，殊不知它能发挥的效力是不可估量的。而这也就是由于人人都有认为"自己是最可爱"的心理所致。

如果你在说服别人的过程中，无意中使用了一些不太得当的言辞，但若你巧妙地运用了这句"如果我是你"，便可弥补你言词上的过失，不仅如此，它还能促使对方作自我反省，使对方终于感觉到唯有你的忠言，才是对他自己最有利的。

卡耐基曾用某家大礼堂讲课。有一天，他突然接到通知，租金要提高3倍。卡耐基前去与经理交涉。他说："我接到通知，有点震惊，不过这不怪你。如果我是你，我也会这么做。因为你是旅馆的经理，你的职责是使旅馆尽可能盈利。"

紧接着，卡耐基为他算了一笔账，将礼堂用于办舞会、晚会，当然会获大利。"但你撵走了我，也等于撵走了成千上万有文化的中层管理人员，而他们光顾贵旅社，是你花5 000美元也买不到的活广告。那么，哪样更有利呢？"经理被他说服了。

卡耐基之所以成功地说服了经理，在于当他说"如果我是你，我也会这么做"时，他已经完全站到了经理的角度。接着，他站在经理的角度上算了一笔账，抓住了经理的兴奋点——盈利，使经理心甘情愿地把天平砝码加到卡耐基这边。

汽车大王福特说过一句话：假如有什么成功秘诀的话，就是设身处地替别人着想，了解别人的态度和观点。因为这样不但能得到你与对方的同情和理解，而且更为清楚地了解了对方的思想轨迹及其中的"要害点"，从而做到有的放矢，击中"要害"。

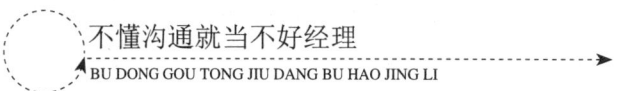

有效沟通的艺术

如果我们在说话之前忽视了听话者的心理和反应,无论如何慎重地斟酌词句,依然会产生料想不到的差错和误解。在语言上下工夫,说话时不忘换位思考,力求使说的每句话对方肯听、爱听,才能打动他的心灵,使对方觉得你说到他的心里去了。

学会捧场：说说对方的得意事儿

我们经常看见一些人大谈自己的得意之事，这是不好的。大家不仅不会认为这些人了不起，反而会认为他们是不成熟的、卖弄过去好时光的人，所以，尽可能不要提自己的得意之事。

如果我们想把生意做成，就得以一种低姿态出现在对方面前，表现得谦虚、平和、朴实、憨厚，甚至愚笨、毕恭毕敬，使对方感到自己受人尊重，比别人聪明。这样，对方在谈事时也就会放松自己的警惕性，觉得自己用不着花费太大精力去对付一个"傻瓜"了。当事情明显有利于我们的时候，对方也会不自觉地以一种高姿态来对待我们。

在跟陌生人交往时，我们要放低姿态，保持谦谦君子的心态，学会安抚对方的心灵。我们不可以使对方产生相形见绌的感觉，尽可能地以低姿态出现在他的面前。

在面对陌生人时，一开始就说一些对方感兴趣的话是一种很重要的沟通技巧。我们在与对方交谈之前，先侧面打探一下他喜欢什么、擅长什么，或者留心对方与别人交谈的话题，找出对方对什么感兴趣。这样一来，跟他交谈的时候，他就会觉得你是一个了解他的人，产生一种被尊重的感觉，他自然就会很乐意与你交往了。

日本作家多湖辉所著的《语言心理战》一书中记述了这样一件趣事。被誉为"销售权威"的霍依拉先生的交际诀窍是：初次交谈一定要扬人之长避人之短。有一回，为了替报社拉广告，他拜访了梅伊百货公司总经理。寒暄之后，霍依拉突然发问："您是在哪儿学会开飞机的？总经理能开飞机可真不简单啊。"话音刚落,总经理便兴奋起来,谈兴勃发,广告之事当然不在话下,霍依拉还被总经理热情地邀请去乘他的自备飞机呢!

人人都有长处,也都有短处。人们一般都希望别人多谈自己的长处,不希望别人多谈自己的短处,这是人之常情。跟初交者交谈时,如果以直接或间接的方式以对方的长处作为开场白,或者是以对方感兴趣的事情作为开场白,就能使对方高兴,对你产生好感,交谈的积极性也就得到极大激发。

下面例子中服务员对美国黑人市长所说的话,便正中市长下怀。

一次,美国华盛顿黑人市长在北京举行答谢宴会,席间服务员端上一盘点心,彬彬有礼地介绍说:"慈禧太后夜里梦见吃肉末烧饼,第二天早上碰巧厨师为她准备的正是肉末烧饼,她高兴极了,认为这正是心想事成、吉祥如意的象征。今天各位吃的就是当年慈禧太后'梦寐以求'的肉末烧饼,愿大家今后事事如意、步步吉祥……"一席话把美国客人逗乐了。华盛顿市长高兴地敬了服务员一杯酒,说:"下次来北京,愿再来你们这里做客!"

有些人在处理人际关系时,往往过于看重自己,把自己放在最中心的位置,以自己的情绪为情绪,自己的意志为意志,凡事都只希望满足自己的欲望。这样的人在众人面前讲话,也只喜欢讲自己的得意事,而对失意事避而不谈。这种人强烈希望别人尊重他,却不知道自己也得尊重别人。总之,这些人心目中充满了自我,却唯独没有他人。

这种自我中心意识于他自己是极为不利的。这会严重影响一个人的自我形象,也影响良好品格的形成,以致被人厌恶、瞧不起。

把他人的得意事常挂嘴边,是对对方的欣赏与肯定。我们每一个人都希望自己在各个方面都能胜人一筹,然而,事实上这永远只能是一个梦想。一些心理素质不高的人,每当面对别人的优点与成绩时,往往妒火中烧，很难坦然地面对与欣赏，这是不可取的。

每个人都有自己的优点和成绩，都希望获得别人的肯定与赞美。有些优点和长处往往是与生俱来的，比如某人长得漂亮、智商很高等。因此，对于别人优点与长处的肯定不仅不会贬低自己的位置，而且可以使旁人从中认识到你所具备的优良素质，从而获得他人的称赞。

把他人的得意事常挂嘴边，把自己的得意事放在心里，是对他人的一种尊重。尊重别人的人格是赢得别人喜爱的一个重要因素。人格对每个人来说，都是最重要、最宝贵的。对每一个人来说，都有这样的一个愿望：那就是使自己的自尊心得到满足，使自己被了解、被尊重、被赏识。如果你不尊重别人的人格，使别人的自尊心受到了伤害，当时，他或许会一笑了之，但是，你却严重地伤害了他。事实上，如果你表示出对他的不尊重，即使他当时对你还是很友善，但是，如果他不是一个精神境界极高的人，他以后还是不会喜欢你的。

相反，如果你满足了他的自尊心，使他有一种自身价值得到实现的感觉，那么，这表明你很尊重他的人格。你帮助他获得了自我实现，他也会为你所做的一切表示感激。他对你有一种感激之情，也会因此而喜欢你。

有效沟通的艺术

人类行为有一条重要的法则，如果我们遵循它，就会为自己带来快乐；如果我们违反了它，就会陷入无止境的挫折中。这条法则就是：满足对方的自我成就感。因为人们最迫切的愿望，就是希望自己能得到重视。

第五章
听别人愿意说的，会听会沟通

　　一个聚精会神的听众往往比一个慷慨激昂的演说家更受欢迎，他会使说话者感觉自己很重要。善于倾听别人的发言是对他人的尊重，有时还有助于问题的解决。在我们周围，有的人看似不喜欢说话，其实他们不是不喜欢，而是想找一个善于倾听他们说话的人，有了这样的人，他们的话就会滔滔不绝了。所以，沟通不仅需要动嘴说话，更需要用心倾听。

少说多听：倾听是沟通的开始

教育家卡耐基说："做个听众往往比做一个演讲者更重要。专心听他人讲话，是我们给予他的最大尊重、呵护和赞美。"每个人都认为自己的声音是最重要、最动听的，并且每个人都有迫不及待地表达自己的愿望。在这种情况下，友善的倾听者自然成为最受欢迎的人。

小李的父亲是位知识分子，为人古板，不喜与人交往，每次小李来了熟人，父亲就独自躲到书房，很少与人打招呼。一次，小李的三个高中同学来到家里。大家见面分外亲热，其中有两位喜欢下棋，闲谈中都是些术语、行话，而另外一位对"黑白世界"一无所知，无聊中去了父亲的书房。外边三位在棋盘上杀得天昏地暗，没去管他。等玩够后，他们才从书房中把那个同学叫出来，令小李吃惊的是：老父居然将这个同学送出房门口，还问儿子为什么不留他们吃饭，临行还一再叮嘱：以后有空来玩。在小李的记忆中，这是父亲第一次留他的同学吃饭，而且以后还经常问及那位同学为什么不来玩。

小李在惊叹之余，问及同学如何赢得父亲的欣赏。结果那同学说："没什么呀，你们下棋我不懂，就去你父亲书房，见你父亲在看一本水利方面的书，就问你父亲是否搞水利的，然后就好奇地问长江大桥的桥墩怎么做的，你父亲就开始给我讲解，如何先将一个大铁筒插进去，将里面的水抽干，挖出稀泥，打地基，直到做好干透，再将铁筒抽掉，你父亲在说，而我只是认真听，也没说什么。"

倾听不仅体现着一个人的道德修养水准，而且关系到能否与对方建立一种正常和谐的人际关系。而缺乏倾听不仅会让我们显得无知、没礼貌，往往还会使我们错失良机。

德怀特·莫罗是一名刚刚出道的外交家，受美国前总统柯立芝之命出任墨西哥大使。"这是一件很困难的差使，"布鲁斯·巴顿说，"墨西哥是山姆叔叔手上最敏感的一个手指头，到那边去做大使是很麻烦的一件事。"鉴于此，对莫罗而言，第一次拜见墨西哥总统卡尔士的表现，是具有历史意义的。

如何给墨西哥总统留下一个良好的印象呢？在这样的紧要关头，莫罗运用了一个策略。

莫罗绝口不提起那些应当由大使来负责谈判的严重问题。他只是称赞厨子的手艺，多吃了几块饼，点着了一支雪茄，请卡尔士总统给他讲一些墨西哥的情形，内阁对于国家的希望是什么？总统所想做的是哪些事情？总统对将来有些什么看法？当卡尔士发表意见时，莫罗则在一旁全神贯注地听。结果，第二天，卡尔士总统对一个朋友说，莫罗才是真正会说话的大使。

卡尔士总统的这句话让情绪紧张的墨西哥人、焦急不安的美国人，都长长地舒了一口气。

初出茅庐的莫罗如此轻易地折服了卡尔士总统，并非采用了什么特别的策略，只不过让卡尔士总统发表意见，自己洗耳恭听罢了。

很多人认为，倾听不过是一种最基本的沟通手段而已。事实并非如此简单，倾听不仅是一种沟通的手段，更是一种礼貌，是尊重说话者的一种表现，是对说话者的最好的恭维。

专注倾听对方说话，可以使对方在心理上得到极大的满足。这正是莫罗成功的秘诀。通过倾听，无形之中，他显示了自己对卡尔士总统的尊崇，让卡尔士总统感受到了充分的尊重。

上篇　沟通秘籍

人人都渴望得到他人的尊重，没有谁会拒绝耐心而专注地倾听自己说话的人。当你想赢得陌生人的好感时，不要试图多"说"，而要多"听"。

有效沟通的艺术

说话不在多少，有时口若悬河、侃侃而谈的人只会引起别人的反感。真正会说话者，首先是一个好的听众。好的听众表现出的是对他人的尊敬，也是对他人暗示性的赞美。学会倾听别人说话，是与人友好沟通的开始。

有效倾听：听见、听清和听懂

倾听对人际交往至关重要，但在与人交谈和沟通的过程中，有的人能够做到倾听别人的谈话，但过后再问他究竟听了对方讲了些什么，却又说不清楚。这样的人只能说是在听别人的讲话，而不是有效倾听。

一位顾客来跟乔·吉拉德商谈买车，乔·吉拉德向他推荐了一款新型车，一切进行顺利，眼看就要成交了，但是对方突然决定不买了。乔·吉拉德百思不得其解，夜深了忍不住给那位顾客打电话探明原因，谁知顾客回答说："今天下午为什么不用心听我说话？就在签字之前，我提到我的儿子即将进入密歇根大学就读，我还跟你说他的运动成绩和将来的抱负，我以他为荣，可你根本没有听我说这些话！你宁愿听另一位推销员说笑话，根本不在乎我说什么！我不愿意从一个不尊重我的人手里买东西！"

所以，有效倾听首先应该是用心地聆听对方所说的话，不仅要听，更要听得清、听得懂。如果对方在一旁大谈特谈自己的经历和故事，而你却心不在焉，一边听一边在想着其他的事，那么就没有达到倾听的目的和效果。这样的听就算不上是倾听。

美国教育家戴尔·卡耐基在《人际关系》一书中，叙述了一个他亲身经历的小故事。一次，卡耐基同一位名人在晚餐会上交谈。席间，卡耐基自始至终只是充当了一个听名人讲话的角色。事后，名人却向晚餐会的主持者赞扬说"卡耐基是一个非常善于交谈的人"。得知此事后，卡耐基不禁大吃一惊说："我只是很认真地听他讲话而已。"

富有魅力的人大多是善于倾听他人言谈的人。真正善听人言者比善言者更能感动对方，更能唤起对方的亲近感。

平日我们也常听到有人抱怨，或者我们自己也一直在抱怨："为什么表达自己是那样的难。我总是那么笨嘴笨舌的，不善言谈，所以无法很好地与别人相处，人际关系也就总处理不好。"不善言谈的人，亦是不善倾听他人言谈的人。一方面，他在交往中过于在意自己的行为，总是不断地惦念着：一定不能让对方笑话自己，要把话说得漂亮些，否则就得不到对方的认同。另一方面，他又为自己的说话达不到那种理想程度而感到十分苦闷。这样，当然也就不会聚精会神地倾听对方说的话了，免不了忽视对方，很难真正在听别人讲话，而只是随便地点头附和，心不在焉地听听而已，有时甚至不等对方把一段话说完就迫不及待地自己说了起来。这是一种只要求对方听自己说话的单方面的交谈方式。

方小姐在某保险公司从事外勤工作已20年了，是个经验非常丰富的行家。在公司众多外勤人员中，她的成绩一直是出类拔萃的。她在劝客户上保险时并不采用劝说的方法，这正是与其他外勤人员的不同之处。后者通常的做法是在客户面前摆上好几本小册子，然后向他们说明到期时间和应收金额，并口若悬河地以一种非常熟练的语调反复地讲述客户在投保后，将能得到多大的好处。

而方小姐却与此相反，这样的话一句也不说。她总是从对方感兴趣的话题说起，稍许谈谈自己在这方面的无知和失败的体会。这样一来，对劝说投保一事素存戒心的对方因为她谈的是自己喜欢的话题，便在无意中跟她谈了起来。之后她总是认真倾听，并为对方的讲述而感到钦佩和惊叹。对方却不知不觉地倾吐了内心的烦恼，谈了自己对将来的理想和希望。方小姐依然还是专心地听着。直到最后，方小姐才说出对方应该投保的想法："这么说，还需要适当地投保啊！"

方小姐是一个善听人言的高手。不过，在此可以断言的是：她并不是因为生意上的缘故而装出一副倾听对方言谈的样子的。与此相反，方小姐在这段时间里甚至忘记了工作，诚心诚意地极其认真地听对方讲话。也正因为如此，对方才会对她敞开心扉，吐露真情。即使在旁人看来，他们之间的对话像是单方面的，但实际上，两人进行着心灵上的交流和沟通。

要做一个善听人言者，这比任何一个雄辩者都要更吸引人，同时这也是搞好人际关系的最有效的手段。

那么，怎样做到有效倾听呢？

1. 全神贯注地倾听

倾听时要精神集中，神情专注。为表示自己注意倾听，要多与对方交流目光，别人讲话时要适时点头，并发出"是""对""哦"等应答。但不要轻易打断别人的谈话，也不要随便插话，若非插话不可，要先向对方表示抱歉，并征得对方同意，如"对不起，我可以提个问题吗？"或"请允许我打断一下"。

2. 不要随意插话和妄下论断

交谈中要尊重对方的观点，即使你不同意别人的看法，也不要轻易打断别人的谈话。如确有必要，需等人家讲完后再阐明自己的观点。特别是对方还没有充分地把自己的意思表达清楚的时候，不要轻易表态，乱下断语，也不要挑剔批评。否则会让人感到你有一种优越感，影响交谈的进行。

3. 耐心倾听

交谈中要注意控制自己的情绪。有时我们会因为对方过长的发言或自己不感兴趣的话题而感到厌烦，这时要学会控制自己的情绪，不要使之表露出来，要耐心听他把话讲完，这是对讲话者的尊重。特别是对方有意见的时候，要耐心倾听，给对方提供宣泄自己不满的机会。

有效沟通的艺术

听别人说话，不仅要听见、听清，更重要的是听懂，认真领会他人话语中的含义。只听不思考、置若罔闻、心不在焉地听都不是有效倾听。只有用心倾听，才能真正达到沟通的目的，解决沟通中存在的问题。

心有灵犀：用心体会话中味

我们跟初次见面的人说话交流时有一种情况非常令人尴尬，那就是说者有心，听者无意。一方费尽心机，磨破口舌，而另一方总是不明白对方真正的意思，结果是听的着急，说的更着急，极度尴尬。当然了，我们这里所说的"意"，指的是"言外之意"。

毫无疑问，我们是需要"言外之意"的。毕竟在很多时候，我们说话不能太直接、太直白。比方说，批评人时不能伤了人的自尊；给领导提建议不能让人觉得我们比领导都能干；面对别人的提问，我们虽有难言之隐，但也得让人有个台阶下；事情紧急，但涉及商业机密，只有我们的亲信才能明白的"暗语"是最好的选择……

在一部反映清代官场上和珅与纪晓岚"斗法"的电视剧中，有这样一段情节：和珅为了躲开纪晓岚的监督，在赴江南考场监考之前，给江南考场的几位主考官写了这样一封信，信中说："书中自有颜如玉，书中自有黄金屋。"按理说，这些话都是古人的圣言，没什么特别的地方，但是用在特定的场合下，就另有深意了。当然，江南考场的主考官们是深知其意的。

通过这个例子，我们应该明白，在"说"的过程当中，"言外之意"往往具有不可替代的作用。

当然，要能听得懂"言外之意"，你自己必须首先是一个能够熟练且巧妙地运用"言外之意"的人。

例如，作为公司经理，在一个非正式的场合，我们的一个下属说起他

上篇　沟通秘籍

工作量大、任务重，平时加班也干不完工作，等等。下属的这些话意味着什么呢？可能有的人认为下属在叫苦，由此可能要说一大通要吃苦耐劳、无私奉献的客套话。结果可想而知，那个下属被气得七窍生烟，有可能愤然离职。

其实这个下属只是顺便反映一下情况，让领导知道他工作得辛苦，希望肯定和承认他在工作中的地位和作用。如果我们能体察其意，说些得体的安慰话，表示一下作为领导者对部下辛苦工作的关心和肯定，那位下属肯定非常高兴，而且有可能更加卖力地工作。由此可见，了解说话者的意图是何等重要。

"说者有心，听者无意"是一种尴尬，"说得巧妙，听得聪明"是一种艺术，其间的界限判若云泥，看你怎么理解，怎么把握了。当然了，首要的一点，是你千万不能小看了它。

因此，听话者要能听出"字里行间的意思"，听话者要对说话者的感觉产生反应，而不是对其话语无动于衷。

有一天，一个妇女开着车到城里去，突然，有一只轮胎漏气了。她停下车来，虽然她可以自己换轮胎，可是她希望有人停下来帮助她，因为她穿得漂漂亮亮的要赶赴一场宴会。不久，一个年轻人停下车，并走过来问："车胎漏气了吗？"假如这个妇女听到的仅仅是这"语言文字"的内容，她可能会生气起来，说出类似下面的话："笨蛋！任何人一看都知道是车胎漏气了！"

如果她这样回答的话，势必会激怒那个热心帮忙的年轻人，而必须自己动手换车胎了。然而，她很聪明地体会到年轻人话里的意思是："我知道你有麻烦，我能帮助你吗？"于是，她得到了年轻人的帮助，避免了自己换车胎的苦恼。

俗话说："说话听声，锣鼓听音"，这个"声"指的就是言外之意。

同样的话对于不同的人来说有不同的含义,因此,在与陌生人交谈时,我们要尽力揣摩对方话语中所隐含的意义,以做到应对自如。

有效沟通的艺术

我们在与人沟通的过程中有必要揣摩对方说话的意图,用心体会话语中的含义,然后再决定应该怎样说以及应该说些什么。

细心聆听：知晓对方的弦外之音

每个人在说话的时候都是有一定目的的，在与陌生人的谈话中，他的语言习惯与特点会透露出什么信息？他为什么要提这个问题？他为什么总说这个词语？他说这句话是他的本意吗？有没有什么话外音？……找出对方要表达的意思，我们就可以采取相应的对策了。

在与他人的交谈中，正确地理解对方谈话的意图是非常重要的一件事。因为在人际沟通中，有很多现象是隐藏的，比如对方讲话含蓄，不直接告诉我们，而是采用迂回策略，拐着弯暗示，这时，就需要我们有较强的理解能力。

理解能力对于人际交往而言，是一个重要的前提条件。假如不具备一定的理解能力，不明白对方的意思，那么其余一切沟通都无从谈起。如果我们的猜测不准确的话，还很容易产生误会。

有一天，一个中年男人到一家零售店里买剃须刀。"先生，"店员很有礼貌地说，"你想要好一点的，还是要次一点的？""当然是要好的，"顾客有点不高兴地说，"不好的东西谁要？"店员就把最好的一种剃须刀拿了出来。

"这是最好的吗？""是的，而且是牌子最老的一种。""多少钱？""680元。""什么？为什么这样贵？我听说，最好的才200多元。""200多元的我们也有，但那不是最好的。""可是，也不至于差这么多钱呀！""差得并不多，还有十几元一个的呢。"

那位顾客一听，面露不悦之色，掉头想离去。

这时店老板急忙赶了过去。"先生,你想买剃须刀是不是?我来介绍一种好产品给你。""什么样的?"老板拿出另外一种牌子来,说:"就是这一种,请你看一看,样式还不错吧?""多少钱?""186元。""照你店员刚才的说法,这不是最好的,我不要。""我这位店员刚才没有说清楚,剃须刀有好几种牌子,每种牌子都有最好的货色,我刚拿出的这一种,是同一种牌子中最好的。""可是,为什么与那种牌子差那么多钱?""这是因为制造成本的关系,你知道,每种品牌的机器构造不一样,所用材料也不同,所以在价格上会有出入。至于那种品牌的价钱高,主要还是它的牌子老,信誉好,而且它可以更换充电电池,适合在外旅行时用。"顾客痛快地买下了这个剃须刀,愉快地离开了。

店员错在没有摸清顾客的真正心理。他一进门就要最好的,这表明他优越感很强,可是一听价钱,他嫌太贵,这可能与他的经济实力有关。顾客把毛病推到店家头上,是因为他不肯承认自己舍不得买。而老板却明白顾客的心理,在不损伤顾客优越感的情形下,让他买了一种较便宜的货。

这位老板之所以能销售成功就在于他善于倾听,能从对方的谈话中巧妙地听出对方的弦外之音,打探出对方的虚实,进而达到自己的目的。所以,讲真话需要两个人:一个人说,另一个人愿意听。

在工作中,听懂老板和领导的弦外之音更显得十分重要。

当上司询问你"还好吗"或者"工作顺利吗",绝大部分时间,他们并非想仔细探究你目前的状况,而是表现友善(但不是太过友善),并希望你的问答是"一切都很好"。他们并不想听到诸如工作中的不顺利、无法解决工作上遇到的问题、因失恋而心情不好或者昨晚的醉酒还没醒,等等。

你的上司也许经常会关心你的情况。因为他们喜欢借着问东问西来了解你的工作状况,或者他们闲来无事只是随口问问,又或许他们已经察

上篇　沟通秘籍

觉你出了什么问题。最安全的方法是：进一步问得更明确些："您的意思是？"这比起你开口就答要好得多。否则，你只好回答一些不会造成问题的答案。

你一定免不了和上司聊聊电影，或者下班时一块儿去喝一杯，而这样的关系确实让你觉得像朋友间的相处，但别忘了对方是你的上司，拥有随时可以辞退你的权力。这也是为什么在星期一早上，上司问候你"周末过得好吗"时，你必须不露痕迹地表现出已经收心，现在正忘情于工作上的样子，不管昨晚玩得多疯，还是得三缄其口。

和上司讨论问题的最好时机，绝非等他开口问候你之后。当上司问候你时，你最好礼貌地回答自己在任何方面都很好。

可见，上司的问话，有时并不需要你直接地给出答案，而是从问话中体会更深一层的含义。作为下属，应该准确判断并领会这种弦外之音的具体指向。

有效沟通的艺术

为了正确地理解说话者表达的意图，必须弄清双方所讨论主题的倾向。我们不必改变自己的观点，但是要能衡量并了解对方的观点。认真倾听，衡量对方的观点，然后在作出判断之前想想是否符合事实并小心分析，这样才不至于把对方的真正意图理解错误。

第六章
见机沟通,把握时机选择沟通方式

如果在不恰当的时间、不适当的场合贸然找人说话和倾诉,即使不会遇到闭门羹,也会令别人感到不快。的确,沟通的时机不对,再加上没有选择好的沟通方式,就是一种不礼貌的表现,也是不会为人处世的反映。把握沟通时机和选择好的沟通方式,是十分重要的。交际高手、生意场上的成功人士,都会把时机和方式看作是沟通中最重要的部分。

把握时机,争取沟通的最优效果

场合对说话的影响,与场合对交际者的心态和情绪的折射作用是分不开的。场合不同,氛围不同,人们的心情心绪也不同,从而他们对一些问题的感受和理解的程度也不一样。同样一句话,在此场合会被认为合理,有见解;在彼场合则会引起别人的厌恶和反感。因此,在不同的场合就要说适合不同场景气氛的话,说话要特别注意分寸,否则,不看场合、说不合情景的话,就会碰壁。

紧眨眼,慢张口,不同场合有不同的说话尺度。沉痛、悲哀、忧戚、肃穆性的语言,只能出现在奔丧、吊唁、追悼会等场合;庄重、严肃性的语言,只能出现在会议等场合;愉悦、欢快、祝贺、颂扬性的语言,只能出现在剪彩、乔迁、结婚、庆功等场合;轻松、随和、自由性的语言,只能出现在私人交谈等场合;宽慰、祝愿、企望、仰慕性的语言,只能出现在探病、拜望、问安等场合。

1.想参加某种娱乐活动时

"如果还有空额,我希望有加入的荣幸机会。"

2.好友重逢时

"××先生,很高兴又见面了。"

3.表示歉意时

拨错电话时:"对不起,打错了。"

疾走时撞了他人:"对不起,我不是有意的。"

4. 接受赞美时

对方说:"你早上所提的建议真好。"

或者"你今天早上看起来特别靓丽清爽。"

回答:"谢谢,你真客气。"

5. 何时说请

对你的另一半说:"周日我要请老板吃饭,请帮我一起接待他。"

对出租司机说:"请送我到国际机场。"

对饭店收银员说:"请给我301室的账单。"

对秘书说:"请把这份材料传真给建筑材料公司张经理,另一份给××市的红光贸易公司。"

对餐厅的服务员说:"请给我菜单。"

对公司副经理说:"请注意代表们对我们计划第二段所提的批评,相当重要哟。"

6. 表示对朋友的关心

"马丽,你的病好些了吗?"

"安东,我听说你们公司已经打入美国市场了,好好干吧。"

"霍克,早上的会议多亏你提了个好建议,真是不胜感激。"

7. 礼貌逐客时

"我的天,都快11点了,我必须赶着去开会了。"

"很抱歉,我还有另一个会议,几分钟前就开始了。"

"真对不起,我现在必须赶到飞机场。"

"这次见面获益匪浅,希望再次见到你。"

"谢谢您的光临,一旦有结果,我会马上告诉您。"

"真抱歉必须结束这次面谈,因为上班要迟到了。但我希望能另有机会完成这次面谈,现在我必须马上赶到办公室去。"

8. 想求得他人帮助时

"我刚才发言的声音是不是有些不自然？"

"我的手握起来是不是湿湿的？"

"早上汇报时，我是不是说了不少废话，是不是应该更简练些？"

"明天我要去定做一套西服，您能不能跟我一起去，当场给我参谋点意见？"

9. 需要下属加班时

"××，我实在很不愿意让你留下来加班完成这项工作，不过你是我唯一能够信任的人，所以请你务必帮忙。但我保证，对于今晚所造成的不便，我日后一定会有所补偿。"

或者："请完成这份工作。这样要求你实在很抱歉，非常谢谢你的帮忙。"

有效沟通的艺术

在轻松的场合言语也要轻松，在热烈的场合言语也要热烈，在清冷的场合言语也要清冷，在喜庆的场合言语也要喜庆，在悲哀的场合语言也要悲哀。所以，说话要看场合，到什么时候唱什么歌。

沟通，不能哪壶不开提哪壶

每个人都有自己的兴趣爱好，别人与我们交谈时如果说的是我们感兴趣的话题，那么，我们就会很高兴，觉得对方是一个善解人意的人，因此，我们会很乐意与对方继续交谈下去。所以，我们在与陌生人交谈时，要先摸清对方对什么东西感兴趣，然后我们再跟对方多说一些这方面的事情。

耶鲁大学文学教授威廉莱亚·惠勒普斯，在《人性》这篇论文中这样叙述：我在6岁那年，有一个星期六去斯托拉多姨妈家度周末。记得傍晚时分，来了一个中年男子。他先和姨妈嘻嘻哈哈谈了好一会儿，然后便走近我面前和我说话。当时我正迷恋小船，整天抱着小船爱不释手地玩。以为他只是随便和我聊几句，没想到他对我说的全是有关小船的事。等他走了以后，我还念念不忘，对姨妈说："那位先生真了不起，他懂得许多关于小船的事，很少有人会那么喜欢小船。"姨妈笑着告诉我，那位客人是纽约的一位律师，他对小船根本没有研究。我不解地问："为什么他说的话都和小船有关呢？""那是因为他是一位有礼貌的绅士，他想和你做朋友。知道你喜欢小船，所以专门挑你喜欢的话题和你说。"姨妈笑着告诉了我其中的道理。

聪明的人在结交陌生人的时候，懂得迎合对方的嗜好，这样能让对方感觉到受重视、受尊重。当然，这个"迎"，一定要迎合得巧妙，不能让对方看出任何破绽。

台湾有位女明星需要一两个短剧本，她希望日本一位很有名的作家能

上篇　沟通秘籍

够为她动笔。这位作家学贯中西，文笔风趣，但他的脾气很古怪，一般人的约稿经常被拒绝。

这位明星打电话给他的朋友，请教一下该怎样向作家开口提出要求。

"你究竟打算请他写些什么短剧呀？""我希望他替我写男女别恋，不过要有新的内容，不要以前的故事。""这样很好，他以前写过不少这类的东西，你只需说知道他写过这些剧本，十分崇拜他就行。"

过了两天，这位明星给他朋友打电话，很高兴地说："他不等我提出要求，就答应替我写两出短剧了。"

她朋友说："你们晚餐时，你一直在谈论他过去那些得意之作，是吗？""你猜得对，我主要是讲他的作品在台湾如何受人喜爱。"

这位女明星运用的其实就是人际交往中的迎合别人兴趣的艺术。其实，人际交往真的不难，我们只要抓住别人的心理，略施小技就能旗开得胜。

每个人都有自己感兴趣的东西，比如有的人喜欢篮球，有的人喜欢军事，有的人喜欢音乐，有的人对演艺圈的八卦新闻感兴趣，有的人对书法绘画感兴趣，有的人对烹调食物感兴趣，有的人对神秘现象着迷，等等。总之，每个人都有一项或多项的兴趣，会说话的人在与对方交谈的过程中，懂得迎合别人的兴趣。

宋小琳是一家房地产公司总裁的公关助理，奉命聘请一位特别著名的园林设计师为本公司的一个大型园林项目做设计顾问。但这位设计师已退休在家多年，且此人性情清高孤傲，一般人很难请得动他。

为了博得老设计师的欢心，宋小琳事先做了一番调查，她了解到老设计师平时喜欢作画，便花了几天时间读了几本有关中国美术方面的书籍。她来到老设计师家中，刚开始，老设计师对她的态度很冷淡，宋小琳就装作不经意地发现老设计师的画案上放着一幅刚画完的国画，便边欣赏边赞叹道:"老先生的这幅丹青,景象新奇,意境宏深,真是好画啊!"一番话使老先生升腾起愉悦感和自豪感。

接着,宋小琳又说:"老先生,您是学清代山水名家石涛的风格吧?"这样,就进一步激发了老设计师的谈话兴趣。果然,他的态度转变了,话也多了起来。接着,宋小琳对所谈话题着意挖掘,环环相扣,使两人的感情越来越近。终于,宋小琳说服了老设计师,出任其公司的设计顾问。

人类本质里最深层的驱动力就是希望具有重要性。我们希望别人怎么待我们,就得先怎样待别人。因此,如果我们想让别人喜欢我们,最好的办法就是先对别人感兴趣,说对方感兴趣的话。

有效沟通的艺术

人们是在一定的时间、一定的地点、一定的条件下生活的,在不同的场合,就应说不同的话,这样才能收到最理想的沟通效果。不看场合,随心所欲,信口开河,想到什么说什么,这不仅是一种"不会说话"的拙劣表现,而且还会给对方留下极坏的印象,甚至直接把对方"吓跑"。

沟通的境界：一拍即合

沟通的最佳境界莫过于当一方提出某个观点或某个要求时，对方不假思索地说："我也是这个意思""我也是这么认为的""你和我想到一块去了"，正所谓一拍即合。

在现实生活中，有的人不管走到哪里，都处处受人欢迎，做起事来左右逢源。有的人却寸步难行，即使在家庭、学校或工作场合，做事也处处碰壁，几乎没人愿意和他进行良性互动。其实，造成两者之间差别的原因，就在于是否懂得拿捏说话的方式和分寸。只有懂得如何说话办事的人，才可能吸纳周遭的能量供自己使用。

日本作家大久光曾经提出一个有趣的比喻："协调关系是糖，对立关系是盐。单单是糖太过甜腻，适度地加点盐，人际关系才会变得更协调。"在现代社会中，人际关系就犹如空气一般，谁也脱离不开这张巨网，但是，光靠广泛的交际，无法建立良好的人际关系，你必须用心了解谁才是值得你用心交往的对象，然后加糖加盐，让彼此的关系更紧密。

在和别人交往的过程中，其实仅仅从谈吐、遣词用字方面，就可以窥视对方的内心状况，明了自己应该如何应对。因为，谈吐的方式会反映出一个人当时的心理状态，越是深入交谈，越会暴露出他的原本面目。因此，谈吐方式、遣词用字，无疑是探知一个人真正性格和心理状态的重要依据。

当话题进行至核心部分时，说话的速度、口气，就是我们探知对方深层心理意识的关键。当然，说话的声调也是不可忽视的要点。

我们可以抓住人际关系的契机，巧用日常对话则更能促进彼此之间的交情。日常对话的目标并非讨论深奥的议题内容或解决难缠的问题，主要是在放松心情，享受对话的乐趣，谋求彼此心灵的交流。透过对话还能满足一些需求，诸如转换气氛或表现自我。

因此，为了加深人际关系，或增强办事效率，磨炼自己的对话能力是非常重要的。

1. 明白对话中的真正意思

即明白对话中一起交谈的事情。因为对话并非仅由特定的人唱独角戏，而是与对方交换的共同行为。

2. 对话具有响应的特性

不管提到什么事，有人都会不耐烦地回答"哦""不"等无精打采的话，这将无法使对话热闹起来。造成这种情况的主要原因，多半是没有响应的话题，或者有一方意兴阑珊，无意参与该对话。

其实，只要有丰富的谈话题材，对话就不会冷场。因为，人类具有自我表现的本能和需求，因此，一旦有说话的机会时，就会自发性地想说话。如果一来一往不断地进行，对话的过程就会起劲，参加者的心灵交流就更加活跃。

在充实话题方面，先决条件是当接触事物时，不要失去新鲜感，要维持精神的年轻。如果未受感动，可能是精神的老化现象。

3. 不要陷入自以为是的话题

很多人像杂学博士一样万事皆通，并认为那才是会话高手的条件，实际上这是一种误解。虽然对话是一件相当重要的事情，但如果尽谈些对方不感兴趣的话题，等于一个人自说自话。

使对话起劲的重点是，以说话者与聆听者共通的话题交谈。倘使有人将对话流于说教，当然使人厌烦。

上篇　沟通秘籍

4. 留意不违反规则

不要在别人说话的时候泼冷水，或在话中找碴以及独占讲话的时间……这些都违反对话的基本原则，如果一再违反这些原则，别人将会对你"敬而远之"。

说话时，自己要经常先在心里自问："这样说可以吗？"否则，对方可能会"没有听懂"，甚至把你的话当耳边风。

就算是平常聊天，如果你所说的话不经过大脑，无法使对方明白自己究竟在说什么，也容易在不知不觉之间使听讲方借机遁逃，最后就会变成自己一人唱独角戏的局面。

有效沟通的艺术

巧妙地分析对方谈话的口气、速度、声调，探究对方内心正在想些什么，这是创造和谐沟通的要点。

性格不同，沟通策略不同

很多人认为沟通能力的大小与性格有关，外向者善于与人沟通，内向者不善与人沟通，事实并非如此。性格内向者也有许多好朋友、性格外向者没有知心朋友这样的例子在现实生活中也不在少数。

1.与性格热忱的人沟通，容易将对方作为最佳伙伴

性格热忱的人不论从事哪种职业，只要充分发挥其性格特征，便能得到肯定与赞赏。这种性格的人最适合具有挑战性的职业，工作积极又有效率，是典型先锋性格。富创意、喜爱看到事情的光明面是他们的优点，他们是活在掌声下的人，喜欢受他人肯定。这种人还体贴他人的难处，让他人在工作上更有冲劲，所以有着很好的人缘。不论是上司、同事还是朋友，一旦了解他们，便会被他们的热情所打动，愿意成为他们的朋友。但是，性格热忱的人由于自主性过高、喜爱表现自己，容易和别人在合作上产生冲突，不利于建立良好的人际关系。这种类型的人，不论是在工作、学习还是在娱乐中，参与感、掌声与赞美都是他们不可或缺的原动力。

2.与性格细腻的人沟通，容易将对方看作潜在的竞争对手

性格细腻的人很重视团体合作，不喜欢抢风头，这是他们的优点。因此他们通常都有着很好的人际关系。在同事的眼中，他们是温和善良的，不会耍计谋、陷害人，因此同事都愿意与他们相处，并且很容易把他们当作自己的知心朋友。但他们有时那慢工出细活的行事作风，不免让性急的同事看不顺眼，但不至于引起同事的厌恶。个性温和的他们常扮演着沉默的角色，没有太多意见及野心，任劳任怨的个性常得到上司的赏识，是一

上篇 沟通秘籍

个潜在的竞争对手。温和的他们也不是宰相肚里能撑船的人,细腻的性格使得他们对伤害过自己的人,往往不能原谅。这种性格的人,不但勤俭,也很能为老板精打细算,有着精打细算的省钱之道。

3. 与活泼性格的人沟通最快乐

性格活泼的人重视整体人际关系,很快便能适应新环境并结交新朋友,办事很有效率,再加上聪明及危机处理的应变能力,所以很讨上司喜欢。这种类型的人天生好奇,对所有的人、事、物都抱有很大的兴趣,喜欢学习各种新东西,对于新上手的工作,也能很快掌握,在公司里扮演通天角色。他们活泼的性格也使得他们经常是聚会和晚会上的灵魂人物,总能够吸引大家的注意。因此周围的同事或许因为嫉妒而与他们疏远,但他们活泼、不记仇甚至缠人的性格又会使得别人不好意思与他们生气,自然他们的人缘也不会差。

4. 与谨慎性格的人沟通要谨慎

谨慎性格的人对工作有高度的稳定性,善于察言观色、尽忠职守、生存力强,懂得上司与同事间的应变进退,并且善于营造和谐气氛,与同事合作性强,是容易相处的同事,又是易得到上司赞赏的忠臣下属。这种性格的人在人际交往中,是很受欢迎的,因为他们既不爱出风头,又不会给人难堪,总是小心翼翼,让周围的人感觉没有杀伤力,并且他们说话总是头头是道,让你不由得不佩服他们的说服力。但是谨慎性格的人,由于不喜欢表露自己的真正情感,他们好像戴着一副假面具,捉摸不定让人心生却步,虽然并不会与人正面冲突,但是周围的人也不愿与他们有过多的交往,所以这种性格的人不容易交到知心朋友。

5. 与冷静性格的人沟通要认真

冷静性格的人,做起事来一板一眼且小心翼翼,工作对他们而言是乐趣及成就感的来源,他们行事井然有序得令人佩服,但有时却又少了点变

95

通的弹性，给人个性内向、拘谨的感觉。通常这种性格的人不懂得表达自己的个性，让人有不易相处的印象，加上要求又特别多，令人无所适从。所以在周围的人看来，他们是严格和没有幽默感的，所以大家不愿与他们有过多的相处。其实你一旦与他们深交，就会发现他们的内心十分单纯，而且也很善于交谈。这种性格的人在交往中的最大障碍是不善于表达自我，不懂得让别人对自我有更多的了解。

6. 与擅长交际的人沟通要学点公关之道

这种类型的人有极佳的公关手腕，所到之处都能很快与人打成一片，主动是其人际关系的第一步，在诸多性格中可说是独占鳌头，好交际的性格更能博得上司的好印象与赏识。在社交场所中，这种人左右逢源，如鱼得水，通常都是焦点人物。但是他们喜欢轻松节奏、舒适生活，害怕过度出卖劳动力的工作，故常常做事缺乏计划、想比做的多、散漫、金钱观淡薄、企图心不强，又是"迟到一族"，这些均是他们晋升的绊脚石，也是让人不喜欢他们的理由。

7. 与沉默寡言的人沟通要打开对方心扉

稳定、内敛、不多言是沉稳性格的人给人的第一印象，但他们有着对人、事、物敏锐的观察力，缄默时的他们正处于"打量评估期"，所以这种性格的人总能很清楚地对周围的情况作出准确的判断，在任何事情上，都像旁观者一样的冷静和客观。这样的性格使得他们对周围的人总能提供一些客观有效的建议，因此在他们身边，总是有一群追随者。他们对工作有着积极主动的精神，并能承受很大的压力，挑战高难度且完全投入做事的积极面面俱到与果断令上司极为赞赏。他们有着情报局专员的本能与精神，能轻易打探各方线索、内幕消息、公司百态等。这种性格的人在哪里都是很有能力的人，他们天生就是让别人倾慕的。所以他们的人际关系很广，并且很值得信赖。

8. 与浪漫性格的人沟通要激发他们的创意

浪漫性格的人欠缺耐心，一成不变的工作内容可能会抹杀他们的创意细胞。生性爱热闹、热心、慷慨不计较金钱及随和的个性，使他们的人缘较好，感觉敏锐且洞察力强，常以开玩笑方式说出对事情的见解，不会让人感到像谨慎性格的人一样具有心机，反倒让人觉得平易近人、容易相处。虽然他们做事勇于突破传统、有魄力，但一遇到挫折会很快打退堂鼓，缺乏愚公移山的恒心与毅力。

9. 与固执性格的人沟通要给予理解和协调

固执性格的人是尽忠职守把分内工作做好的人。他们在专长与技术领域中不断追求进步，没有一步登天的投机心理，持有"一分耕耘、一分收获"的态度。他们具有主见及领导能力，对事物有相当的野心，是标准的工作狂热分子，在诸多性格中，跃居"最负责任感"之冠，而坚忍不屈的毅力是其成功之处。可是他们优柔寡断、固执己见的缺点可在其知错不改、明知故犯中一览无余。

这种性格的人很难接受别人的意见，除非别人比他们优秀。这样的性格特征使得他们的人缘很差，因为他们总是让周围的人很难堪，并且错了也永远不会道歉。因此他们的人际关系很糟糕，但他们的朋友都是真正理解和关心他们的挚友。

10. 与脆弱性格的人沟通要多鼓励和激励

脆弱性格的人有着过人的智慧，工作上能有独创见解，在计划及设计的工作中，能完整、高效益地分析与策划，对自己有高度的自信与优越感，却又非高傲冷酷得令人讨厌，但是他们脆弱的性格常常能引发别人的同情心，反而人缘相当不错。冷静、理性、客观、实践力强是他们成功的关键，但他们却缺乏坚持的能耐，常一碰到挫折就会轻易放弃，最害怕别人看到自己的失败，在他们心中只有"我"永远是最好的。所以，与脆弱性格的人沟通时，要给予不断的鼓励，增强他们的抗挫能力，使他们变得坚强而勇敢。

有效沟通的艺术

性格的确是影响人际交往最关键的因素。不同性格的人，要采用不同的沟通方法。所以，沟通时，要先了解对方是个什么性格的人。

脾气有别，沟通技巧有异

人际交往活动有一定的规律可循。每个人的嗜好、想法都不一样，所以我们遇到的对手也各不相同。

与人交涉时，倘若能够明白对方属于何种类型，沟通起来就比较容易了。现在列举十类人供作参考。

1. 与死板的人沟通

这个类型的人，就算你很客气地和他打招呼、寒暄，他也不会作出你所预期的反应来。他通常不会注意你在说些什么，甚至你会怀疑他听进去没有。你是否也遇到过这种人？

和这种人打交道，刚开始多多少少会感觉不安，但这实在也是没办法的事。

遇到这种情况，你就要花些工夫，仔细观察，注意他们的一举一动，从他们的言行中，寻找出他们所真正关心的事来。你可以随便和他们闲聊，只要能够使他们回答或产生一些反应，那么事情也就好办了。接下来，你要好好利用这一话题，让他们充分表达自己的意见。

每一个人都有他感兴趣和所关心的事，只要你稍一触及，他就会开始滔滔不绝地说，此乃人之常情，因此，你必须好好掌握并利用人的这种心理。

2. 与傲慢无礼的人沟通

有些人自视甚高、目中无人，时常表现出一副"唯我独尊"的样子；像这种举止无礼、态度傲慢的人，实在叫人看了生气，是最不受欢迎的典型。但是，当你不得不和他接触时，你要如何对待他？

某企业有一位副科长，说话虽然客气，眼神里却有些许傲慢，且不带一丝笑意，这种人实在是非常不好对付的，当人们初次见到他时，会感觉有一种"威胁"存在。

对待这一类型的人，说话应该简洁有力才行，最好少跟他啰唆，所谓"多说无益"，因此，你要尽量小心，以免掉进他的圈套里。

不要认为对方这是客气，就礼尚往来地待他，其实，他多半是缺乏真心诚意的；你最好在不得罪对方的情况下，言词尽可能"简省"。

当然，每个人都有自己的立场和苦衷，这位副科长可能自觉"怀才不遇"，或怨恨自己运气不好、无法早点出头；又由于其在社会上打滚甚久，城府颇深，故尽管不受领导眷顾，也会在"保卫自己"的情况下，与人客气寒暄。因此我们只要同情他，而不必理会他的傲慢，尽量简单扼要地交涉就对了。

3.与沉默寡言的人沟通

和不爱开口的人交涉事情，实在是非常吃力的。因为对方太过沉默，你就没办法了解他的想法，更无从得知他对你是否有好感。

有一位新闻记者，为人沉默寡言，根本就不像是个记者。不论你和他说什么，他总是沉默以对，你真是拿他没办法。当有人给他介绍广告客户时，他也只是淡然地说声："喔！是这样啊。"然后手持对方名片，呆呆地看书。

对于这种人，你最好采取直截了当的方式，让他明白表示"是"或"不是"，"行"或"不行"，尽量避免迂回式的谈话。你不妨直接问："对于A和B两种办法，你认为哪种较好？是不是A方法好些呢？"

4.与深藏不露的人沟通

我们周围有许多深藏不露的人，他们不肯轻易让人了解其心思，或知道他们在想些什么，有时甚至说话不着边际，一谈到正题就"顾左右而言他"。

双方进行交涉，其目的是了解彼此情况，以使任务圆满达成；因此，大家经常挖空心思去窥探对方的情报，使对方露出其"庐山真面目"来。但是，当你遇到这么一个深藏不露的人时，你只有把自己预先准备好的资料拿给他看，让他根据你所提供的资料，作出最后决断。

人们多半不愿将自己的弱点暴露出来，即使在你要求他作出答案或提出判断时，他也故意装作不懂，或者故意言不及义地闪烁其词，使你有一种"高深莫测"的感觉，其实这只是对方伪装自己的手段罢了。

5. 与草率的人沟通

这种类型的人，乍看好像反应很快；他常常在交涉进行至最高潮时，忽然妄下决断，予人"迅雷不及掩耳"的感觉。由于这种人多半是性子太急了，因此有的时候为了表现自己的"果断"，决定就会显得随便而草率。

他们经常会"会错意"；由于他们的"反应"太快，每每会对事物产生错觉和误解。其特征是：没有耐心听完别人的谈话，往往"断章取义"，自以为是地作出决断。如此虽使交涉进行较快，但草率而作的决定，多半会留下后遗症，招致意料不到的事情发生。

倘若你遇到上述这种人，最好按部就班地来，把谈话分成若干段，说完一段（一部分）之后，马上征求他的同意，没问题了再继续进行下去，如此才不致发生错误，也可免除不必要的麻烦。

6. 与顽固不通的人沟通

顽强固执的人是最难应付的，因为无论你说什么，他都听不进去，只知道坚持自己的意见，死硬到底。跟这种顽固分子交手，是最累人且又浪费时间的，结果往往徒劳无功。因此，在你和他交涉的时候，千万要记住

"适可而止"，否则，谈得越多、越久，心里越不痛快。

对付这种人，你不妨及时抱定"早散""早脱身"的想法，随便敷衍他几句，不必耗时费力、自讨没趣。

7. 与慢性子的人沟通

对于行动比较缓慢的人，最需要耐心。

在与人交际时，你可能经常会碰到这种人，此时你绝对不能着急，因为他的步调总是无法跟上你的进度，换句话说，他是很难达到你的预定计划的。所以，你最好按捺住性子，拿出耐心，尽可能配合他的情况去做。

此外，应该注意的是有些人言、行并不一致，他可能处事明快、果断，只是与行动不相符合罢了。

8. 与自私的人沟通

世上自私自利的人为数不少，无论你走哪儿，总会遇到几个。这种人心中只有自己，凡事都将自己的利益摆在前头，要他做些于己无利的事，他是断不会合作的。他们始终在计算着自己的利益。正因为他们最看重数字，故有所坚持的一定是自己的利益；至于其他事情，他们不会在意如何做好它们，只考虑怎样做才最省事。这种悭吝之徒，任谁都不会对他们产生好感。

9. 与冷漠的人沟通

人的心态和感情，常常会透过脸部的表情显现出来，故在交际的时候，表情往往可供作判断情况的工具。

然而，有些人却是毫无表情可言的，他的喜、怒是不形于色的，这种人若非深沉，就是呆板。当你和这种人进行交际时，最好的方法就是特别注意他的眼睛和下巴。

常有人说："眼睛是会说话的"。其实，眼睛是灵魂之窗，"观其眸子"你自然可以知道他的心思。

上篇　沟通秘籍

通常，你可以从对方的表情中，看出他对你所持的印象究竟如何。有时候，你会过分紧张得连表情都不很自在，此时，你不妨看看对方的反应：是不加注意、无动于衷？还是已然察觉、面露质疑？留意他的眼神，你一定可以得到答案。

有时候，适度的紧张和放松，也可以在交际之中形成一种理想的气氛。只是，当你明白对方的反应是受自己的应对态度所影响，进而影响到交际的结果时，就应该特别注意并研究一下自己的言行举止。脸上毫无表情的人更应注意才行。

有效沟通的艺术

与脾气相投的人沟通自然会轻松自如，而当我们与不投脾气的人接触、交涉时，姑且顺水推舟、投其所好。当他发现自己所强调的利益被肯定了，自然就会感到满意，交涉就会很快获得成功。

第七章
沟通三不：不批评、不争辩、不抱怨

有话好好说，不批评、不责备、不抱怨是沟通的三大法宝。温柔的力量永远胜于刻薄的口舌，没有比它们更有利于沟通的了。对于任何一个管理者来说，对下属采用不批评、不责备的方式来沟通，必定会收获意想不到的惊喜；而对于下属来说，能用不抱怨的态度看待一切，也必能与领导相处融洽。要沟通，就要做到不批评、不责备、不抱怨。

比批评更有效的力量

温柔的赞许是比严厉的批评更加有效的力量。用赞许代替批评，是著名心理学家史金纳教授教学的基本观点。这位伟大的心理学家用实验证明：减少批评，多多赞许对方，人所做的好事会增加。

许多年以前，一个10岁的小男孩在工厂里做工。他一直喜欢唱歌，梦想当一个歌星，但他的第一位老师不但没给他鼓励，反而劝他放弃。他说："你不适宜唱歌，你根本五音不全，简直就像风在吹百叶窗一样。"但他的母亲，一位穷苦的农妇却不以为然，她搂着自己的孩子，对他说："孩子，你能唱歌，你一定能把歌唱好。瞧你现在已经有了很大进步。"她节省下每一分钱，给她的儿子用来上音乐课。这位母亲的嘉许，给了孩子无穷的力量，也从此改变了他的一生。这个小男孩的名字叫恩瑞哥·卡罗素，他是那个时代最伟大、最知名的歌剧演唱家。

假若在这个小男孩的童年，没有母亲的赞许，只有那位老师的无情打击，世界上也许就失去了一位著名的歌剧演唱家。

在《孩子，我并不完美，这只是真实的我》这本书里，著名心理学家杰丝·雷耳评论道："沟通对温暖人类的灵魂而言，就像阳光一样，没有它，我们就无法成长开花。但是我们大多数的人，只是敏于躲避别人的冷言冷语，而我们自己吝于把赞许的温暖阳光给予别人。"

俗话说，人的心灵就像花朵：开放时会承受柔润的露珠；闭合时会抵御狂风暴雨。例如我们规劝别人，实际上就是让他的心灵开放。但是，被规劝的人往往用闭合来抵御我们的语言，因为他并不知道我们送的是雨露，而只知道怎样保护他的自尊心。

林肯有一次批评他的女秘书："你这件衣服很漂亮，你真是一个迷人的小姐。只是我希望你打印文件时注意一下标点符号，让你打的文件像你一样可爱。"女秘书对这次批评印象非常深刻，从此打印文件很少出错。

林肯身为美国总统，可算是世界上最有权势的人之一了，说话如此委婉、客气，是他好修养、好气度的体现。假如他换一种盛气凌人的口吻呵斥："你怎么工作的？连标点符号都搞不清楚，亏你还是大学生呢！"恐怕只能让对方反感，反而达不到纠正对方错误的目的。

随着现代社会的发展，我们经常有机会观看一些歌唱比赛和辩论赛。在专家点评时，他们经常用这种几乎是无往不胜的妙招：先指出选手的优点，然后再根据具体情况指出不足之处。比如对方是一名初次献唱歌手，就先指出他音质不错，台上表演力很强，但缺乏经验，细节处理不够好；如果对方是位辩手，可以先表扬他头脑灵活，才思敏捷，再指出他的一些失误。除了在这些比赛中，在谈判桌前、在工作中、在生活中，在一切与人相处中都会用得着这一招"先扬后抑"法。老师为了不打击学生的自信心和学习积极性，总会先分析这位学生的优点、进步的地方，然后再慢慢道出他的不足之处。这种方法会让人在心理上能够接受，面子上也过得去。既达到目的，又保护了自己且不伤害别人。

一般来说，我们规劝别人时很容易使自己站在比别人高的位置上。而本质上，可能我们确实比别人高，只有自己觉得比别人的观点正确，才能劝人；如果觉得比别人低，那就表明观点不正确，或者对自己的观点不自信，那还怎么去劝人呢？因此，劝人的人实际上的位置应该是高的，但这种高，在劝人时是不能表现出来的，只能摆在和被劝人平等的位置上，这不是虚伪，而是方法上的需要。只有当被劝人觉得你尊重他了，设身处地在为他着想，他才能认真考虑你说的话，才能把心扉打开，才有可能达到劝说的目的。

相反,你自恃自己有理、说得对,把位置摆得高高在上,甚至不注意语言的表达方式,一派批评人的口吻,势必引起被批评人的反感,因为你没有尊重他,他会想出各种办法来对付你,使你不但没有达到规劝的目的,还生一肚子气。如果他迫于某种压力或其他因素,而屈服于你的批评,口头上也许承认自己错了,内心深处还是不会听你的。

指出别人的缺点,可能因与对方意思相违而伤害到对方,又可能因对方态度蛮横伤及自己,这时,需要用赞美的话语做中和剂,令对方反驳不是,发怒也不是,批评得有理有据,令其心悦诚服地接受。

首先,必须设想一个限度,否则你的忠告也许会适得其反。当你要指出别人的缺点时,必须先认识到人类的脆弱及不完美,且保持着自我反省的心态和与对方一同背负过失的谦虚态度,让对方发觉自己的缺点和错误。其次,为了避免引起对方的逆反心理,必须要事先准备些称赞的话,在批评他人之前,先将这副"灵丹妙药"给对方服下,然后再转入正题。当对方因你指出的缺点而感到难过和难以接受时,表扬就起了很大的中和作用。

有效沟通的艺术

不顾时间、地点、对方心理,直截了当、劈头盖脸的一阵冷言恶语,达不到沟通的目的,反而会适得其反。学会和风细语地指出别人的错误和缺点,会收到意想不到的好效果。

让对方感受到自尊

在日常生活中,保全面子是一件很重要的事。为了顾全面子,有的人小则翻脸,大则会闹出人命。如果你是个漠视面子的人,那么你必定是个不受欢迎的人。如果你是个只顾自己面子,却不顾别人面子的人,那么你必定会整天吃暗亏。

中国人爱面子,可以说是一种根深蒂固的民族特性。你说它是劣根性也罢,你说它是民族特性也罢,反正它是不可忽视的客观存在。初涉社会的年轻人血气方刚,对人性的了解不深入,在工作和社会交往中往往容易忽视这个客观规律的存在。所以年轻人步入社会一定要明白的一个道理就是:和人交往一定要注意给别人留面子;伤了别人的面子,很可能会失去这个朋友,甚至还会树敌,给自己带来损害。

当他人犯下过失,如果能顾及对方面子,维护对方的自尊,不仅可以使彼此的距离更近,还会赢得对方的感激之情。

有一年的圣诞前夜,美国的一个珠宝店快打烊的时候,从外面进来了一个30多岁的男子,穿着一套起皱的西装,领带也没有系。他在珠宝店里转悠,一副心不在焉的样子。终于,他的目光定格在一条镶有七颗钻石的手链上,要求店员把手链拿给他看一看。店员是个姑娘,她迟疑了一下,还是按他的请求拿出了手链,递给了他。

观看了一会儿后,男子把手链还给了姑娘,忙着往外走。姑娘小心翼翼地将手链放回原处。突然,她看见手链上的钻石只剩下了六颗。她紧走了几步,在珠宝店门口追上了男子,伸出右手微笑着说:"先生,祝您圣诞快乐！"

男子稍微迟疑了一下，也伸出了右手，握住了她的手，笑着说："谢谢！"说完，转身走出门外。这时姑娘感觉右手心多了个硬硬的小东西，一看竟然是那颗钻石。

10年后的一个圣诞前夜，还是在这家珠宝店里，一位40多岁的富商握住了珠宝店女老板的手："谢谢你，是你给了我自尊，给了我生存的智慧！"这个富商，就是10年前的那个男子，而珠宝店女老板，就是当年的店员。

在我国，这样的例子也不少见。

春秋时期，楚庄王有一次兴致大发，要大宴群臣。自中午一直喝到日落西山。楚庄王又命人点上蜡烛继续喝，群臣越喝兴致越浓。忽然间，起了一阵大风，将屋内蜡烛全部吹灭。此时，一位喝得半醉的武将乘灯灭之际，搂抱了楚庄王的妃子。妃子慌忙反抗之际，折断了那位武将的帽缨，然后大声喊道："大王，有人借灭灯之机，调戏侮辱我，我已将那人的帽缨折断，快快将蜡烛点上，看谁的帽缨折断了，便知是谁。"

正当众人忙于准备点灯时，楚庄王高声喊道："今日欢聚，不折断帽缨就不算尽兴。现在大家都把帽缨折断，谁不折断就是对我不忠，然后我们大家痛饮一番。"

等大家都把帽缨折断以后，才重新将蜡烛点上，大家尽兴痛饮，愉快而散。此后，那位失礼的武将对楚庄王感恩不尽，他暗下决心，自己的人头就是楚庄王的，要为楚庄王而活着，对楚庄王忠心耿耿、万死不辞。这就是历史上有名的"绝缨宴"。

后来，楚庄王伐郑，一名战将主动率领部下先行开路。这名战将拼命死战，所到之处敌军闻风丧胆，直杀到郑国国都。战后楚庄王论功行赏，这才知道这名战将叫唐狡。唐狡不想要任何赏赐，向楚庄王承认了几年前宴会上的无礼之举,并讲明此战全为报答楚庄王的不究之恩。楚庄王大为惊叹,就把这名妃子赏赐给了唐狡。

在社交中,谁都有可能不小心弄出点失误,礼节失当。如果发现这类情况,只要是无关大局,就不必对此大加宣扬,搞得人人皆知,使本来已被忽视的小过失变得很显眼;更不应抱着讥讽的态度小题大做,拿别人的失误取乐。将他人的过失和错误宣扬示人,会使对方感到难堪,伤害自尊心,而你在对方的眼里也肯定不会有好的印象了。

学会维护别人的尊严,使人感到对他的尊重,是社交的一个重要准则。实行这条准则的要点是:肯定他人的存在、尊重他人的意见、承认他人的优点。通常,你遇到的每一个人都有一种高人一等的优越感,所以有必要让他明白,你承认他的优势并肯定他的存在,并且真诚地承认和肯定。

在生活中,如果我们善于将他人的尊严放在第一位,可以让对方感受到我们的诚意。

有效沟通的艺术

要与他人愉快共处,首先应该站在对方的立场上考虑问题,与他人相处要给别人留足面子。伤了别人的面子就是伤了别人的自尊心,这比让他损失利益更让他不满,自然很难得到别人的谅解。

切勿与人争论激辩

英国诗人、作家萨克雷曾经提醒我们:"最高级的社交外衣,就是精神奕奕,而且满脸笑容。"要想开创一番事业,在社交场合就必须具备几分演员的才能,设法和别人打成一片。当你建立了和谐的人际关系,就能无往不利。

要在工作场合使别人欣然采纳你的意见,维持良好的人际关系非常重要。狄更斯·费尔特曾提出如下的忠告:"切勿与人争论激辩,即使彼此的意见相左,也应巧妙有礼地转变话题。"

与朋友发生争论,常常会伤害彼此,有时甚至会反目成仇,从此失去这个朋友。这样的争论无疑丧失了交谈的意义和价值,既然如此,又何必为了证明自己正确而和别人争论不休。史夫易特也说:"最恶劣、最糟糕的交谈,莫过于争论了。"

在商业界,虽然真正的情谊较为淡薄,但是维持良好的人际关系,仍然可以帮助自己成功,因此必须把它当成一件重要的工作。其实,那些口头上认为"商业界无所谓友情"的人,在面临自己无法解决的困难时,往往也会寻求朋友的帮助。

以销售员来说,想要提高销售成绩,或许有各种各样的可行方法,但却不会比友情更能创造出绵绵不断的效益。假设其他条件相同的话,一位深具协调性、容易结交朋友的销售员,他的成功率,毫无疑问地会比其他人高出许多。

无论在商业场合或办公处所,脸上经常保持笑容,能令人感觉温暖、热心、舒畅的人，十之八九都会给人留下良好的印象。

当然，维持良好的人际关系，并不是处心积虑地迎合别人，也不是一年到头虚情假意地"陪笑"，而是发自内心地与人交往，用和颜悦色的亲切态度对待周围的人，让彼此都拥有一副好心情。这一点，是每个人都能够做到的。

人和人之间就某件事产生分歧是非常正常的，很多人在产生分歧之后首先想到的是争论甚至争吵，这似乎也是正常的，但正是这种似乎正常的解决办法却恰恰是最糟糕的办法。其实，最好的办法就是避免争吵。

在一次宴会上，一位先生讲了个幽默故事，其中提到一段引语，他说是出自《圣经》，然而他的邻座很清楚地记得这个故事出自莎士比亚作品，于是很自信地指出了这个错误，结果双方各执己见，互不相让。正好边上有一位莎翁研究专家，于是大家决定让他评判，那位专家对那位指出错误的先生说："你错了，那位先生是对的！"

在回家的路上，被指出错误的那位先生很诧异地问专家："你明明知道我是对的，怎么说他是对的？"专家的回答是："这么多人看着，你为什么要让他丢面子，如果让他丢了脸，他会恨你一辈子，而绝不会感激你指出了他的错误，绝对不要以为指出他的错误是为他好！"

事情确实如此，和一个人争吵，一般是不会有什么好结果的，因为为了各自的自尊，谁都不愿意轻易地屈服，而往往分歧双方都各有优点，也各有缺点，或者根本就没有好坏可言，只是角度不一样，所以争吵是不可能有结果的。而且争吵总是营造一种敌对的气氛，在这种气氛中，双方都只会盯住对方的缺点，而不会考虑对方的优点。即使是很明显的一个错误，你把它指出来，或者用你天才般的辩论把他驳得体无完肤，让他觉得他确实是错了，其结果只会使他怨恨你，或者违心地服输，但可能观点照旧，甚至会在以后的工作中影响相互之间合作。即使是1+1=3这样简单低级的错误，你也该找个恰当的机会指出来，越是简单的错误越不能公开、无情地指出。

哲人说："恨不消恨，唯爱释恨。"要想避免争吵，首先要有欢迎分歧的态度，记住这样一条格言："如果一对伙伴总是意见一致，那么他们中的一个就是多余的。"

没有分歧就没有解决问题的最佳办法。在发生分歧的时候，要冷静地先听对方说，给对方时间，然后你才会有较客观的评价。最重要的是如何开口，很多人在开口之前是理智的，但慢慢地就失去控制，无法控制对方情绪，也没法控制自己的情绪。开口时要先强调对方的优点，先肯定对方，然后承认自己观点中的不足，即使没有也要编一个。因为要让对方认识到他的不足，最好的办法就是先自我批评，最后很婉转地提出对方的不足，请他考虑。应用这样一个简单的程序，能避免大部分争吵。

有效沟通的艺术

当你抱着敌对的态度去解决问题，结果只会水火不容。只有在尊重对方的同时提出建议，才可能被接受。

理智面对他人的过错

说话时,破坏力最强的莫过于这三个字:"你错了"。它通常不会带来任何好的结果,只会产生一场不快、一场争吵,甚至能使朋友变成对手,使情人变成怨偶。

不论我们用什么方式说"你错了",即使是一句话、一个眼神、一种说话的声调或一个手势,只要让他听出或看出"你错了"的意思,他就绝不会有好脸色给你。因为你直接打击了他的智慧、判断力、荣耀和自尊心。只会使他想反击,但绝不会使他改变心意。即使你搬出孔子或柏拉图的理论,也改变不了他的成见,因为你伤了他的感情。

永远不要这样说:你的确错了,不信我证明给你看。这等于是说:"我比你更聪明。我要告诉你一些事,使你改变看法。"不管你用什么方法证明对方错了,都无疑是一种挑战。这样会挑起战端,在你尚未开始之前,对方已经准备迎战了。

假如对方真的错了,你必须让他承认并纠正错误,也应该回避"你错了"或类似的词语。即使你站在真理这一边,用最温和的态度说"你错了",要改变别人的主意也不容易。

所以,你有必要运用一些技巧,使对方察觉不到"你错了"这三个字。必须用委婉的方式教导别人,提醒他不知道的好像是他忘记的。

有一位先生,花3天时间写了一篇演讲稿,他认真地撰写、修改并润色,其精心程度绝不亚于鲁迅或朱自清写一篇文章。据说鲁迅先生写完一篇文章后,通常要改7遍,而朱自清每天只写500字。这位先生认为自己的演讲稿写得十分到位,得意地读给妻子听。妻子认为这篇演讲稿写得并不出色。但她没有像一般妻子那样说:"你写得太差劲了,都是老生常谈,别人听了一定会打瞌睡的!"这位妻子是个再明白不过的人了,她说:"如果这篇文章是投给报社的话,肯定算得上是一篇佳作。"换句话说,她在赞美丈夫的同时巧妙地表达出它并不适合演讲。丈夫听懂了其中的含义,立即撕碎了精心准备的手稿,并决定重写。

由此例可知,有效更正他人错误的方法是:委婉地让他人意识到自己的错误。即认同他做对的或好的方面,使他觉察到错误的部分。

有两户人家比邻而居,东边的一家和乐相融,生活幸福美满;西边的一家经常争吵,天天鸡犬不宁。这种情形引起了一位社会学专家的兴趣。社会学专家问东边一家的人说:"你们一家人为什么从不像西边一家人那样经常争吵,而能够和睦相处呢?""因为我们一家人都认为自己是做错事的坏人,所以能够互相忍让相安无事;而他们一家人都认为自己是好人,因此争论不休,甚至大打出手。"东边一家的人回答说。

社会学家又问:"这是怎么回事呢?"

东边的一家人回答说:"比如有一个茶杯被打破了。在他们家自以为自己是好人的情况下,打破杯子的人不肯认错,还理直气壮地大骂:'是谁把茶杯乱摆在这里的?'摆杯子的人也不甘示弱地反驳:'是我摆的,你为何不小心把它打破了?'彼此间不肯认错、不肯退让,僵持不下当然会吵架了。可是在我们家,如果谁不小心打破茶杯,就会抱歉地说:'对不起,是我疏忽打破了杯子。'而放茶杯的人听到也会回答:'这不全怪你,是我不应该将茶杯放在那儿。'像这样坦白承认自己的过失,互相礼让,怎么会吵架呢?"

社会学专家恍然大悟。

古埃及阿克图国王在一次酒宴中对他的儿子说:"圆滑一点。它可使你予求予取。"这其实是在说，不要对别人的错误过于敏感，不要执着于所谓正确的意见，不要轻易刺激任何人。

有效沟通的艺术

消除恶感，避免伤害对方的感情，最聪明的方法是自己谦逊一点。当他人有过失的时候，以委婉的方式提醒他们，用理智的方式帮助其改正；当自己有过失的时候，应立刻道歉。

上篇　沟通秘籍

少一点抱怨，多一点方法

证严法师曾说："一般人常说，要争一口气，其实，真正有功夫的人，是把这口气咽下去。"人往往只看得见别人的过错，看不见自己的缺失，面对别人的指责，也常不加自省，反倒以恶言相向来掩饰自己的心虚。

阿光今年刚从大学毕业，他学的是英文，自认为无论听、说、读、写，对他来说都只是雕虫小技。由于他对自己的英文能力相当自豪，因此寄了很多英文履历到一些外资公司去应征，他认为英文人才是就业市场中的绩优股，肯定人人抢着要。

然而，一个礼拜接着一个礼拜过去了，阿光投递出去的简历却了无音信，犹如石沉大海一般。阿光的心情开始忐忑不安起来，随后，他收到了其中一家公司的来信，信里刻薄地提到："我们公司并不缺人，就算职位有缺，也不会雇用你，虽然你认为自己的英文程度不错，但是从你写的履历看来，你的英文写作能力很差，大概只有高中生的水平，连一些常用的语法也错误百出。"

阿光看了这封信后，气得火冒三丈，心想自己好歹也是个大学毕业生，怎么可以任人将自己批评得一文不值。阿光越想越生气，于是提起笔来，打算写一封回信，把对方痛骂一番，以消除自己的怨气。然而，当阿光下笔之际，却忽然想到，别人不可能会无缘无故写信批评他，也许自己真的太过自以为是，犯了一些错误而且自己没有察觉的。

因此，阿光的怒气渐渐平息，自我反省了一番，并且写了一封感谢信给这家公司，谢谢他们指出了自己的不足之处，用字遣词诚恳真挚，把自己的感激之情表露无遗。几天后，阿光再次收到这家公司寄来的信函，他被这家公司录取了！

不中听的话是一把锐利的剑，可以刺穿你的心脏，但是你也可以伸手握住它，使它成为你的利器。言者无意，听者有心，一切在于你如何用心来面对人生的挫折，你可以反驳别人的批评，斥责别人的无知，但这样并不会使你在别人心目中的地位提高，反而得不偿失。只有低调处事、勇于自省的人，才可以化干戈为玉帛。

在一家首饰店，一位夫人花了几个小时挑选戒指，结果批评的意见提了不少，戒指却一只也没看上。她不仅不停地指使销售员拿这个、拿那个，还当着其他顾客的面滔滔不绝地发了一通"这只戒指的成色太差""这只戒指的定价不合理"之类的牢骚。

销售员试图向这位夫人解释，但招来的只是更多的抱怨。这时，首饰店老板来到了大厅，看到满腹牢骚的夫人，他并没有做什么，而是像一个听话的小学生一样，一直站在旁边听夫人发表"高论"，一声都没有吭。直到那位夫人说完了，这位老板才缓缓地说："看得出，您对戒指是有研究的，对不起，请您等一会儿。"然后他让售货员取出一只价格不菲的戒指摆在夫人面前，说："我想这只戒指最能衬托您的高贵气质。"那位夫人一听这话，半信半疑地把戒指戴上。的确，大小、颜色都与她挺相配。结果，夫人满意地说："这只戒指好像是专门为我定做的一样。"最后，高高兴兴地付账离开。

其实，那位老板最后拿出的那只戒指，实际上是那位夫人早就试过却又下不了决心购买的。

也许，这位夫人已经看了好几家珠宝店，可就是下不了决心，因为没有人懂得她的心，也没有人有耐心听她抱怨，更没有人能在她抱怨后，适时地给她一个建议。这位老板了解顾客的心理,知道她需要的是倾听、尊重与肯定,于是,他投其所好,没花多少时间,没说两句话,就说服了挑剔的顾客。

的确,在生活中,被别人指责和抱怨的事常可碰到。被人指责抱怨,是件极不愉快的事,有时会使人觉得很尴尬,尤其是在大庭广众之下受到指责,更是不堪忍受。但从提高一个人处世修养的角度讲,无论你遇到什么样的指责,都应该从容不迫,有则改之,错的耐心解释,泰然处之。为摆脱指责的尴尬局面,不妨采纳心理学家提出的以下建议。

1. 保持冷静

被人指责总是不愉快的,面对使你十分难堪的指责时,要保持冷静,最好暂时能忍耐住,并作出乐于倾听的表示,不管你是否赞同,都要听完后再作分辩。因对方一两句刺耳的话,就按捺不住,激动起来,硬碰硬,不仅解决不了问题,还容易将问题搞僵,将主动变为被动。

2. 让对方亮明观点

有些指责者在指责别人时,往往似是而非,含糊其辞,结果使人不知所云。这时,你可向对方提出讲清问题的要求,态度要和气,如"你说我蠢,我究竟蠢在哪里?"或者"我到底干了什么傻事?"以便搞清楚对方究竟指责和抱怨你什么,让对方及时亮明自己的观点和看法。这一策略往往能有效地制止指责者对你的攻击,并能将原来的攻防关系转变为彼此合作、互相尊重的关系,使双方把注意力转向共同感兴趣的问题。

3. 消除对方的怒气

受到指责,特别是在你确实有责任时,你不妨认真倾听或表示同意对方对你的看法,不要计较对方的态度好坏,这样,指责完毕,气也消了一半。即使当你确信对方的指责纯属无稽之谈时,也要对其表示赞同,或者暂时认为对方的指责是可以理解的。这会使对方无力再对你进行攻击,相反,你却可以获得更多的机会和时间进行解释,从而消释对方的怒气,使隔膜、猜疑、埋怨和互不信任的坚冰得以化解。

有效沟通的艺术

不论是谁,不论何等的挑剔,如果他能够感受到他人的尊重与肯定,比如自己的牢骚有人倾听,自己的想法有人理解,心理便会感到满足,所有的不满、不平、反感等消极情绪,就会慢慢消失。最后,变得并不是那么坚持自己的主张,也比较容易接受对方的意见。

第八章
沟通三绝：微笑、赞赏、幽默

微笑、赞赏和幽默，是沟通的最佳境界。没有比一个动人的微笑更令人倾心的了，一个微笑胜过千言万语；没有比一句赞赏更能增添他人的自信和积极性，有了赞赏也就有了默契、有了和睦。而如果在沟通的过程中再来点幽默的笑料，那对沟通来讲更是锦上添花。所以，给他人一个微笑、一句赞赏、一个幽默，你就不会为沟通感到为难了。

用微笑打开沟通的大门

在经济学家眼里,微笑是一笔巨大的财富;在心理学家眼里,微笑是最能说服人的心理武器;在服务行业,微笑是服务人员最正宗的脸谱……

中央电视台曾经做了一期关于面对陌生人微笑的节目,该节目给了我们很大的启示。节目里主持人始终面带微笑地面对每一个来来往往的过路人,看陌生人对她面带微笑的不同反应。我们能感受到她那发自内心的微笑,是这般迷人、这般甜美、这般让人心动,没什么理由不向她微笑。向陌生人投去会心的一笑,陌生人一开始没什么反应,当她向第五位大妈微笑时,大妈向她回了一个微笑,大妈的微笑也是发自内心的,是真诚的微笑;又走过来一位优雅的女士,看到主持人真心的微笑时愉快地回应了一个甜美的微笑;当主持人面对农民朋友微笑时,立刻得到了微笑回报。

大家的微笑都是发自内心的,是一种无声交流。微笑连接起了陌生人间心与心的交流,因此,微笑是最能打动人的。

卡耐基说:"笑容能照亮所有看到它的人,像穿过乌云的太阳,带给人们温暖。"

一个刚刚学会保持微笑的年轻人说:"当我开始坚持对同事微笑时,起初大家非常迷惑、惊异,后来就是欣喜、赞许,两个月来,我得到的快乐比过去一年中得到的满足感与成就感还要多。现在,我已养成了微笑的习惯,而且我发现人人都对我微笑,过去冷若冰霜的人,现在也热情友好了起来。"

面对陌生人时,有时我们甚至什么都不用做,只要对着他微笑,就能

上篇　沟通秘籍

在瞬间缩短你和他（她）之间的距离。微笑是有自信心的表现，是对自己的魅力和能力抱有积极的态度。微笑可以表现出温馨、亲切的表情，能给对方留下美好的心理感受，从而形成融洽的交往氛围。面对不同的场合、不同的情况，如果能用微笑来接纳对方，可以反映出你良好的修养和诚挚的胸怀。

发自内心的微笑，会自然调动人的五官：眼睛略眯起、有神，眉毛上扬并稍弯，鼻翼张开，脸肌收拢，嘴角上翘，唇不露齿，做到眼到、眉到、鼻到、肌到、嘴到，才会亲切可人，打动人心。微笑在于它是含笑于面部，"含"给人以回味、深刻和包容感。

美国"旅馆大王"希尔顿的发迹之路，最主要一条是微笑服务与和气生财。

希尔顿旅馆的创始人康德拉·尼古逊·希尔顿，出生于一个小皮货商贩之家。1919年，他接过父亲交给的2 000美元，连同自己挣来的3 000美元，开始了他雄心勃勃的经营旅馆生涯。当他的资产从5 000美元奇迹般增加到5 100万美元的时候，他欣喜而自豪地把这一成绩告诉母亲。想不到，他的母亲却淡然地说："依我看，你跟从前没有两样……事实上你必须把握比5 100万美元更值钱的东西，除了对顾客诚实之外，还要想办法使每一个住进希尔顿旅馆的人住过了还想再来住，你要想出这样一种简易、不花本钱而行之久远的办法去吸引顾客。这样的旅馆才有前途。"

母亲的话使希尔顿陷入迷惘，究竟什么办法才具备母亲所指出的"简单、容易、不花本钱、行之久远"这四大条件呢？他反复考虑此事，并亲自去逛商店，考查旅馆，把自己作为一个普通旅客和顾客去亲自体验感受。不知走了多少间商店和旅馆，总数以千计，历时半年。

功夫不负有心人，他终于找到了答案：就是和气生财。只有"和气"才实实在在地同时具备母亲提出的四大条件。于是，希尔顿实行了以微笑服务体现出和气生财的经营策略。

每天，他对营业员的第一句话是："你对顾客微笑了没有？"他要求每个员工无论如何辛苦，都要对顾客投以微笑；不管顾客是什么态度，都要以和气相待。即使在旅馆业务受到经济萧条的严重影响时，他也经常提醒员工记住："千万不可把我们心里的愁云摆在脸上，无论旅馆本身遭受的困难如何，希尔顿旅馆服务员脸上的微笑永远是属于旅客的阳光。"

我们可以通过微笑训练来提升个人魅力。

1. 微笑动作练习

首先，放松面部肌肉，然后使嘴角微微向上翘起，让嘴唇略呈弧形。最后，在不牵动鼻子、不发出笑声、不露出牙齿，尤其是不露出牙龈的前提下，轻轻一笑。其次，对着镜子练习。使眉、眼、面部肌肉、口形在笑时和谐统一。再次，闭上眼睛，调动感情，并发挥想象力，或回忆美好的过去或展望美好的未来，使微笑源自内心，有感而发。最后，按照要求，当众练习，使微笑规范、自然、大方，克服羞涩和胆怯的心理，也可以请观众评议后再对不足进行纠正。

2. 把好消息传递给他人

尝试每天回家时尽量把好消息带给家人分享，告诉他们今天所发生的值得高兴的事情。尽量讨论有趣的事情，同时把不愉快的事情抛在脑后。也就是说，只能散布好消息，把好消息告诉你的家人和同事。经常把好消息带给别人，长此以往，别人也乐于见到你，因为见到你仿佛就是见到好消息了。

3. 心理暗示自己"多微笑"

建议你运用这样一个心理暗示，每天都对自己说："我要对人微笑！"并让这个自我激发深入到潜意识中去。那么，当你在与人交往中精神不振的时候，这个激发词就会进入到你的意识中，也就是说一旦时机到来，这样的潜意识就会激励你采取热情的行动，变消极为积极，焕发精神。

有效沟通的艺术

如果你的微笑可以活泼一点的话，那将更加能够表现你的热情。当你对别人说"谢谢你"的时候，要真心实意地说。一旦当你说话时能自然而然地渗入真诚的情感，你就已经拥有引人注意的良好能力了。

赞美有方，拣好听的说

美国《幸福》杂志下属的名人研究会研究的结果表明，人际关系的顺畅是事业成功的最关键的因素，而赞美别人是处世交际最关键的课程。因此，如果你懂得如何去赞美别人，再加上你聪明的头脑，还有脚踏实地的精神，就等于事业成功了一半。

从很大意义上讲，学会赞美他人是事业成功的阶梯。事实也证明，把这个研究结果运用到我们结交陌生人的过程中，也会令双方的关系大为改善。

一天，林肯去街头散步，看到一个邮递员正在绑扎邮袋，脸上的表情十分不耐烦。这样年复一年地做着单调而重复的工作，想来谁都会厌倦。于是林肯对自己说：我一定要让那个人喜欢我，最起码，要帮他改变一下现在的心情。于是，他走上前去对那人说："真羡慕你，真希望有你这样好的栗色头发！"

那人惊讶地抬起头来看着林肯，脸上慢慢露出微笑："不过，现在没有以前好了。"他的声音里透着一些欣喜。很快，两人愉快地交谈了起来，最后走时，两人似乎已经成了多年的老朋友。

后来，林肯在一次宴席上把这事告诉了一个外交官朋友，外交官很不以为然，问林肯："那你从他那里得到了什么？"林肯笑道："我给他好心情，而他让我在这个世界上少了一个陌生人，多了一个朋友。"

后来，林肯参加总统竞选时，经常离家外出，一次，他突然收到一个陌生的电话，对方告诉他："林肯先生，你的邮箱已经好几天没有清理

上篇　沟通秘籍

了，快满了，我怕小偷看到后知道你不在家，会打你的主意。所以我想先把你的邮件存放在邮局里，你回来后我再给你送过去。"打来这个贴心电话的正是那个曾被林肯称赞过头发的邮差！这就是林肯的交友原则，给他人带来快乐。抓住一切机会，让身边尽量少一些陌生人，多一些朋友。一个下午的几句闲聊，有可能会在意想不到的时候，带给你雪中送炭的帮助！

真诚的、发自内心的赞美可以让我们快速获得陌生人的好感，化解对方的疑虑、尴尬等。每个人都有自己的优点和成绩，都希望获得别人的肯定和赞美。有些优点和长处是与生俱来的，比如某人长得漂亮、智商很高等。

赞美别人，不单单是花言巧语、甜言蜜语，重要的是根据对方的文化修养、个性性格、心理需求、所处背景、角色关系、语言习惯乃至职业特点、性别年龄、个人经历等不同因素，恰如其分地表扬或称赞对方。

比如，要表述对社会嫉贤妒能现象的认识，如果对方是知识分子，可说："木秀于林，风必摧之；堆高于岸，流必湍之；行高于众，人必非之。"但这话就不能再照搬讲给文化水平不高的听众，对他们可以说"枪打出头鸟""出头的椽子先烂"这样的俗语，对方会更容易接受，讲话才会有效果。讲激励人的话也是这个道理。

此外，还要看对方的个性性格。对方性格外向，透明度高，可以多赞美他，他会很自然地接受；如果对方比较内向、敏感、严肃，你过多地赞美他，会使其认为我们很轻浮、浅薄。因此，在赞扬对方时要注意这一点。

每个人的需求不同，要迎合对方要求讲赞美的话。一个不喜欢淑女型、个性鲜明、男孩子气十足的女子，我们如果夸她长发披肩、长裙摇曳、婀娜多姿、美丽迷人，她也许不会感激你，还有可能认为你多管闲事。如果了解她的心理，夸她的短发看起来既精神又有活力，她一定会开心的。

与不同性别的人讲话，应选择不同的方式。对体胖的女子，说她又矮又胖，一定会令她反感；但如果我们夸她一点不胖，只是丰满，她会得到几分心理安慰，不会因为自己胖而自卑。而对同样体型的男子，说他矮胖子，他也许只是置之一笑。

赞美要注意对方的年龄特征。若想打听对方的年龄，对不同年龄层的人要采取不同问法。对小孩子可以直接问："今年几岁了？"对老年人则要说："今年高寿？"对年龄相近的异性不可直接问，要试探着说："你好像没我大？"对年纪稍大的女性，年龄更是个"雷区"，问得不好就会讨人厌。对一个40岁的中年女子，开口道："快50了吧？"对方一定气愤不已，如果我们小心地问："30出头了吧"，她一定会心花怒放，笑逐颜开。

在赞美别人时，要学会察言观色。一个为事业废寝忘食的年轻人，便可以称他"以事业为重，有上进心"；一个为了债务焦头烂额、心绪不宁的企业家，你夸他"事业有成，春风得意"，对方也许会认为你是在讲"风凉话"，这种话便会起到适得其反的效果。

有效沟通的艺术

对别人优点和长处的肯定不仅不会贬低自己的位置，而且可以使旁人从中认识到我们所具备的优良品质，从而获得他人的赞许。

学会欣赏,沟通升个级

在欣赏对手之前,我们应该明白什么是对手,谁是你的对手。有人简单地认为对手就是对方。这种说法只对了一半,因为对手是和你竞争时的对方,可对方不一定是你的竞争对手。换句话说就是所有的对手都能称之为对方,但对方中不可能个个都是你的对手。

人们常常视对手为"敌人",并提醒自己:他是我的竞争对手,也就是我的敌人!只要他成功了,我就会被打败!因此,千万要提高警惕,不要对他有半点好心。

事实并不完全是这样的,在人际交往中,什么人都得有所接触,对手又怎么了?对手也一样能和你坦诚相处,真心地交流。只要你能放下那种狭隘的看法,用一种欣赏的眼光去看待他,你就会发现,对方其实并非想象中的那样,他有许多东西值得你去学习和借鉴。

对手在实力上应当是旗鼓相当的,否则就不能称为对手。天壤之别也不行,大象和蚂蚁能争出什么来?比如,同学之间组织一场力量的对垒,诸如"掰手腕"。十个人分成红方与蓝方出场,你长得膀阔腰圆,力能拔山,是红方力量的象征,这时,对方却派出一位身单力薄的同学,你一定很失望,对手与你的力量相差太悬殊,所以你马上就说:"他不是我的对手,你们快换一个真正的对手上来!"真正的对手,能力应不分上下。

还有,就是同一事物竞争的对手。比如说,学校举办运动会,你参加乒乓球比赛,原来与你掰手腕的大个子去参加网球比赛了,他已经不是你的对手了。你现在真正的对手是那位身单力薄的小个子,因为他是他们班攻球技术最棒的,现在你们俩要进行乒乓球冠军争夺赛,所以他才是你真正的对手。

有一个寓言故事:野狼和狮子同时发现了羚羊,它们商量好一起追捕那只羚羊。它们合作良好,当野狼把羚羊扑倒,狮子便上前一口把羚羊咬死。但这时狮子起了贪心,不想和野狼平分这份猎物,于是想把野狼也咬死。可是野狼拼命抵抗,后来虽然被狮子咬死,但狮子也身受重伤,反而无法享受美味。

试想一下,如果狮子不是如此贪心,而与野狼共同分享那只羚羊,岂不皆大欢喜?这个故事讲的就是"你死我活"或"你活我死"的游戏规则。

我们常说,人生如战场,但人生到底不是战场。战场上敌对双方不消灭敌人就会被敌人消灭。而人生赛场不一定如此,为什么非得争个鱼死网破、两败俱伤呢?

大自然中弱肉强食的现象较为普遍,这是出于它们生存的需要。但人类社会不是动物界,个人和个人之间、团体和个体之间的依存关系相当紧密,除了竞赛之外,任何"你死我活"或"你活我死"的游戏对自己都是不利的。

有一个人突然猛学算命,由生辰八字、紫薇斗数、姓名学到占星术,没一样不研究。他学算命,当然不是觉得算命灵验,而是想证明算命是骗人的东西。原因是有一位非常著名的大师为他算命,算他活不到47岁,他发誓,非打烂那大师的招牌不可。

他越学越怕,因为他发现自己算自己,也确实活不长。这时候,他改了,他跑去做慈善,说"反正活不久了,好好运用剩下的岁月,做点有意义的事"。他很积极地投入,人人都说他变了,由一个焦躁势利的小人,变成敦厚慈爱的君子。不知不觉,他过了47岁、过了48岁,而今已经53岁,红光满面、生气勃勃,比谁都活得健康。"你可以去砸那大师的招牌了！"朋友有一天和他开玩笑。

他眼一亮，回问朋友："为什么？"又笑笑："要不是那人警告我，照我以前的个性，确实47岁非犯心脏病不可，他没有不准啊！"

你喜欢逞强斗狠吗？你总是心有不平吗？要知道，敌人、仇人和对手，都可以激发你的潜能，成为你的贵人。许多仇、怨、不平，问题可能出在你自己。这世间最值得推崇的做法，就是运用那股不平之气，使自己迈向成功，以成功和"成功之后的胸怀"，对待你当年的敌人，且把敌人变成朋友。

有效沟通的艺术

能够用欣赏的眼光看待别人，是社交的一个高层次。对比自己优秀的人抱以欣赏的态度容易，但欣赏对手不是一件容易的事。一个人如果能用欣赏的眼光对待对手，那么沟通就提高了一个层次。

赞赏有度：别让夸奖成了谄媚

赞美是一种说话的艺术，正确运用这门艺术，会使被赞美者心情愉快，而作为赞美者自己，也会从中感到快乐甚至感到幸福。

在这里有必要弄清楚一个问题：真诚的赞美和奉承究竟有什么不同。因为弄清楚这个问题，是使那些不愿赞美他人者"赞口常开"的关键。

赞美与奉承有本质的区别。赞美是真诚、热忱的，是出于真实的感觉，绝不能掺杂任何不良的用心；同时，赞美是对别人的优点和长处的充分肯定，是为满足别人对于尊重和友爱的需要，给别人以精神上的激励和鼓舞。而奉承他人则是宁肯牺牲自己的尊严去恭维别人，是出于某种不可告人的企图，明显的是趋炎附势，巴结讨好权威。正如卡耐基所说："奉承是从牙缝中挤出来的，而赞美是发自心灵的。"

第一个区别：是否发自内心。真诚的赞美起源于内心深处的一种"美感"、一种冲动。它反映了一个人对另一个人的认可：外表漂亮、言谈符合自己的品位、行动敏捷、品格高尚……即在两个人之中，其中一个人在另一个人身上发现了符合自己理想和价值标准的可贵之处。我们认识这个人、了解这个人的时候，已经有一种无形的力量促使自己要去赞美他的一些优点。

但是奉承却不同，它不是发自内心世界的对另一个人的认可和钦佩，而是基于内心世界早已存在的一种目的，一种对眼前或日后能够收到"回报"的投资。奉承者在"赞美"他人的时候，脸上虽眉飞色舞，但却有几分不自在；他的词语是火辣辣的，但他的内心却是一片冰冷。他在赞美一个人的时候，心里想着的只是如何顺利办完与自己利益攸关的事，如何获得自我的满足。

第二个区别：真诚的赞美是实事求是、有理有据的赞，而奉承则是凭空捏造、无理无据的捧。在懂得赞美的人看来，不存在完美事物，人更不会十全十美。因而他们对一个人的评价，根本不会用"最最"这些字眼，也不会用"他没有缺点"这些措辞去评价一个人。

奉承者无事生非。他们把只能用一般词语赞美的东西任意扩大。大事特夸、小事大夸、无事也要夸是这些人的特点。其中有些"佼佼者"，把一个人的优点能转变成缺点，把一个人的缺点又同样能转变成优点，因而他们在领导、上级面前，时常"义正色严"诋毁别人，以博取欢心，而心里却打着自己的主意。他们在"赞美"一个人的时候，心里会说"这个人喜欢被人拍，我就多拍一拍他吧"，或者"他喜欢坐轿，我就抬一抬吧，总有一日要把他摔下来"，因而他们在赞美一个人的时候，会自以为聪明地向旁人挤眉弄眼，以显示自己非凡的本领。

使别人快乐和讨对方喜欢是两件不同的事。使别人快乐考虑的是别人而不是自己，讨对方喜欢则刚好相反，它处处计较个人的得失。愿你把握分寸，真心地赞美你周围值得赞美的人。

有效沟通的艺术

一个真诚的人，在赞美别人的时候，非常有针对性和分寸。他们知道哪些应该赞美，哪些应该提醒注意，哪些应该反对。

幽默是神奇的沟通术

人人都知道幽默的好处，但幽默不只是让你的人生变得轻松，更重要的是，它可以改变你看世界的视角！

盖瑞是一个非常幽默的警官，不管遇到什么重大案件，他总能一笑置之，使问题迎刃而解。

一天下午，有三位女士为了一点小事发生了争执，三个人大吵大闹地来到警察局，你一言，我一语，几乎把警察局的屋顶掀了开来，女人的话匣子一打开，连局长都没有插嘴的份。这时，盖瑞淡淡地说了一句话："请你们当中年纪最大的那一位先说吧！"话才刚说完，房间里顿时鸦雀无声。

盖瑞的聪明才智不止于此，他还曾经运用幽默顺利抢救了一名企图跳楼的男子。当时情况十分紧急，该男子站在52层楼高的窗台，随时都有可能往下跳。楼下挤满了围观的人群，警察、医生和记者全数到场。那名想要自杀的男人色厉内荏地喊叫着："别过来！谁要再走近一步，我就跳下去！"

只有盖瑞带了一名医生走上前去，他只说了一句话，那男子便默默地走下楼了。盖瑞说："我不是来劝你的，是这位医生要我来问问你。你死后愿不愿意把尸体捐给医院？"

盖瑞的幽默感使他往往能够在极细微的事情中搜寻到破案的关键。在一次执勤的时候，盖瑞竟然轻而易举地抓住了一个男扮女装的通缉犯，警长问他："罪犯伪装得这么完美，你怎么会发现他是男儿身呢？"

上篇　沟通秘籍

"因为，他没有女人的习惯。"盖瑞笑着回答说："我看她经过服装店、食品店和美容院的时候，连看都没有看一眼，我就知道，这个人绝对不是正常的女人。"

又有一次，盖瑞无意中看到两个年轻的神父骑着一辆自行车在一条小路上飞驰，身为神职人员怎么可以不遵守交通规则呢？盖瑞急忙下车将他们拦住，问道："你们不觉得这样骑车是很危险的吗？"

神父们理直气壮地说："没关系，天主与我们同在。"

盖瑞听了，笑着说："这样的话，我不应该开你们超速的罚单，而应该罚你们80美金，因为法律规定，三个人是不能同骑一辆自行车的。"

幽默使人冷静，冷静使人充满机智。一个星期六下午，几个人在闹市区的十字路口说："现今的政治烂透了，我们应该放把火，把众议院和参议院统统烧了！"

激烈的言论尚且不构成任何妨碍，但是却引来越来越多的行人，把路口堵了个水泄不通，严重影响了交通。

当警察赶到时，市内的交通已经瘫痪得无从下手，只见盖瑞大叫一声："现在开始，同意烧参议院的站到左边，同意烧众议院的站到右边。"

"哗"的一声，人群顿时分成左右两边，中间的道路豁然开朗。交通堵塞问题立刻得到了解决。

古时候，有个弄臣犯了错，皇帝把他推下御花园的水池，再幸灾乐祸地把他拉上来问："怎么样？你在水里有没有见到屈原啊？如果没见到，就再把你推下去！"

"臣见到屈原了！"弄臣一本正经地回答。

皇帝笑了起来，继续问："屈原跟你说了些什么吗？"

"是说了些什么，"弄臣恭敬地说："屈大人说他没遇上好主子，所

135

以才投了水,我有这么英明的主子,为什么也要投水?"

又是马屁又是求饶,皇帝乐歪了,马上饶了这名弄臣。

越是棘手的事情,越是需要幽默。幽默不只是娱乐自己,同时也是娱乐别人,只要人们可以笑得出来,还会有什么解决不了的大事呢?

幽默是一种魅力,也是一种人格力量。幽默所包含的特性是逗人快乐,所包含的能力是感受和表现有趣的人和事,制造愉悦的气氛。对个人而言,懂得幽默的人往往比不懂幽默的人更具有吸引力和凝聚力。

幽默是心灵与心灵之间快乐的天使,拥有幽默就拥有爱和友谊,具有幽默感的人,所到之处,皆是一片欢乐和融洽的气氛。在无法避免的冲突中,幽默感不强的人会面临考验,是拍案而起,横眉怒目,还是悲天悯人,大智若愚?幽默家的高明在于即使到了针锋相对之时,也不像平常人那样让心灵被怒火烧得扭曲起来,而是仍然保持相当的平静。在对方已感到别无选择时,幽默家仍然有多种多样的选择。

有一个秃头者,当别人说他"理发不用花钱,洗头不用热水"时,他当场变了脸,使一个原本比较轻松的环境变得紧张起来。一位演讲的教授,也是一个秃头,他在自我介绍时说:"一位朋友称我聪明透顶,我含笑地回答:'你小看我了,我早就聪明绝顶了。'"然后他指了指自己的头说,"我今天演讲的题目是外表美是心灵美的反映。"教授就这样开始了自己的演讲,整个会场充满了活跃的气氛。同样是秃头,同样容易受到别人的揶揄和嘲谑,为什么不同的人得到的却是不同的认可?其间的缘故就是有没有幽默感。

幽默家兼钢琴家波奇,有一次在美国密歇根州的福林特城演奏,发现听众不到一半,他当然很失望也很难堪,但是他走向舞台时却说:"福林特这个城市一定很有钱,我看到你们每个人都买了二三个座位的票。"于是整个大厅里充满了欢笑,波奇也以寥寥数语化解了尴尬的场面。

上篇　沟通秘籍

著名的喜剧大师卓别林曾说："通过幽默，我们在貌似正常的现象中看出不正常的现象，在貌似重要的事物中看出不重要的事物。"有人形象地说："有幽默感的语言是一篇诗文，有幽默感的人是一座雕像，有幽默感的家庭是一间旅店，而有幽默感的社会是令人向往的。"由此可见，幽默不仅反映出一个人随和的个性，还显示了一个人的聪明、智慧以及随机应变的能力。在生活中应用幽默，可缓解矛盾，调节情绪，促使心理处于相对平衡状态。

有效沟通的艺术

善谈者必善幽默。幽默既不是毫无意义的插科打诨，也不是没有分寸的卖关子、耍嘴皮子。幽默要在人情入理之中，引人发笑，给人启迪。一个有幽默感的人必定有着良好的交际能力和人缘。处处表现出幽默，沟通自然轻松快乐。

第九章
不会提问不会沟通，沟通要学会解方程

　　沟通往往从一个问题开始，这就需要我们懂得提问的艺术。一句问话可以让人敞开心扉、畅所欲言，也可以使人缄默不语，甚至不悦。关键是要问得对路、问得巧妙、问得明确。会提问的人站在主动的位置上，通过询问获得自己想要的答案；不会提问的人站在被动的位置，等待别人发问，却常常又答非所问。

主动提问，化被动为主动

和陌生人交谈，最忌讳的是我们自己口若悬河而对方沉默不语。所以，我们不光要打开自己的话匣子，还应该巧妙地打开对方的话匣子。打开对方话匣子的最好方法是提问。光是自己不断地说话，是无法了解对方所关心的问题的，所以让对方多说话非常重要。

我们要善于提出一些问题，然后用心地倾听对方的答复。除了用心倾听之外，还要不时地插入一些问题进一步询问。掌握主导权，一步一步借题发挥，在询问过程中渐渐了解对方关心的内容，而且以此为重点让话题继续进行。这样一来，对方就会饶有兴趣地侃侃而谈，这是让谈话热烈进行的秘诀。

比如说我们想结识一个医生，而我们对于医学完全是门外汉，这时我们就可以用提问的方法来打开局面。"近来患流感的人好像很多，你们大概又忙于替人打预防针了吧？"一个和时令或新闻有关的问题，同时又贴近对方的工作，是最得体的。如果碰到房地产经纪人，我们可以问他近来国家宏观调控下的房价走向；碰到家电业的人，则可请教他国产电器和日本电器的性能价格比较；碰到教师，则问他学校的情形。总之，问话是打开对方话匣子的最好方法。

首先，问话需注意的是，要问对方所知道的，问对方最内行的事情。如果我们不确定对方能否回答，那么还是以不问为好。例如，问一个医生"去年本市患甲肝的病人有多少？"这是不容易回答的。要是对方的答语是"不大清楚"，这样不仅使答者有伤体面，而且会让双方都感到没趣，因此，要尽量回避这样的提问。

其次，有关宗教及政治的观点要慎重提问，除非对方是一个专家或权威人物。因为普通人对宗教与政治各有各的立场和见解，对方也不知道我们有什么用意，也不知道我们有无成见。聪明的人一般不会明确地答复这种问题，所以不问为好。

有些问题，在我们得不到圆满的答复时，可以再继续问下去，但有些问题问过以后就不宜再问。比方说，我们问对方住在哪里，如果他说"在朝阳区"或者说"在海淀区"，那么我们就不宜再问某街某号。如果他乐意让我们知道，他一定会主动详细地说出来，而且最后还会补上请我们光临的客气话。举一反三，其他诸如此类的问题也是一样，适可而止，以免误事。

此外，在日常交际中还要注意，不可问别人东西的价钱，不可问女士的年龄，不可问别人的收入多少，不可详问别人的家庭情况，不可问别人用钱的方法，不可问别人工作上的秘密，如企业股票上市价格等一些商业机密。

总之，凡对方不知道或不愿让别人知道的事情都应避免发问。问话的目的是引起两方谈话的兴趣，而不是使任何一方没趣。如果我们的提问能使答者滔滔不绝、十分尽兴，那便是问话的最高本领。

问话的方法有很多种，收效各有高低。高明的问法使人心中喜悦，而愚蠢的问话则会使对方失笑甚至反感。

李文宇在一家大公司做客服，刚刚开始接受新的工作时，她的客户主要是全球500强企业的人力资源总监，他们谈到一些术语和概念，她一开始听不懂，但她并不会急于向对方弄清楚这个词的含义，而是很灵巧地向对方提问："您能否向我介绍一下贵公司talentpool是如何建设的？"于是对方的回答自然让她明白了很多talentpool的含义。后来，她又在与其他客户沟通过程中同样听到了这个词,那时她不仅能迅速反应出talentpool的含义,而且她还发现这是一个共性话题,几乎和所有客户打交道时都能用。假如当初李文宇只是硬生生地问talentpool是什么意思,结果可能是:对方会解释给她听,但这样一来他原先的表达逻辑就被她打断了,而同时也意识到李文宇对这个行业不了解,于是他可能倾向于少说一些,或者只说浅层的东西让她知道,这样她所能学到的东西就很有限了。

在沟通中的问话,最重要的是语气要温和,态度要谦恭。有些问话不可自己先表明自己的意见,与其问"你很讨厌他吗?"或"你很喜欢他吗?"不如问"你对他的印象怎样?"但有些却不妨先装成有"成见"。比如对一个60岁左右的老者问:"您今年也就60岁吧?"比问"您老今年高寿?"就很好。

有效沟通的艺术

问话的奥妙主要是靠自己去揣摩,因人、因地、因事而灵活运用。而一旦掌握了聪明、轻松打开话匣子的能力,你的人脉关系网至少比现在扩大一倍。

做到有控制性地提问

提问在交际活动中处于主动地位。一个"问"提出来，就决定了对方说不说、说什么、怎么说；也决定了双方的交谈程序和交际气氛。所以"问"具有一种控制能力，提问艺术也包括了这种控制技巧。

1.控制对方的回答

回答问题本来是被问人的事，但有时问话人可以在一定程度上控制对方的回答。如罗斯福在当选美国总统之前，曾在海军里担任要职。一天，一位朋友向他打听海军在加勒比海一个小岛上建立潜艇基地的计划。罗斯福向四周看了看，压低声音问："你能保密吗？""当然能。""那么，"罗斯福微笑着说，"我也能。"委婉含蓄的拒绝，轻松幽默的情趣，既表达了自己不能泄密的原则立场，也没使朋友尴尬难堪，这种控制对方回答的提问产生了非常好的效果。这种效果的取得，关键在于罗斯福接过对方的话头说"我也能"，但对方的话语却是罗斯福诱导出来的，罗斯福选择"能保密吗？"的是非之问，也就决定了对方必然会说"能"，而这恰好就进了罗斯福的"圈套"。

2.控制交际气氛

两人问答时，气氛是紧张还是融洽，对交际效果很有影响。交际气氛可由提问的问题和方式来控制。如审讯犯人："你昨晚去没去会计室？""去过。""一个人还是几个人？""一个人。""去干什么？""偷钱。""偷没偷？""偷了。"运用选择问句的句式和严肃的语气，使气氛紧张，对罪犯心理产生压力，收到了较好的效果。

3. 控制自己由提问到表达的转变过程

有时人们提问不是要对方解疑，而是要对方听自己表达，这就有个由自己提问到自己表达的转变过程。有两种方法可控制这个过程。

一种是诱导提问法，即用一个问句诱导对方说出自己要他说的话，然后接过话头，表达自己要表达的意思。例如，在电车上，一位先生给一位太太让座。这位太太一声不吭就坐下了。先生问："嗯，您说什么？""我没说什么呀？""哦，对不起。我以为您说了'谢谢'呢。"这位先生的提问是为了引出自己后面对女方的批评，显得含蓄而不失分寸。

另一种是步步设问法，即不立刻说出自己的观点，而是连续设问，让对方顺着自己的思路作出肯定的答复，最后服从自己的思想。如孟子在批评齐宣王不会治国时就是采用这种方法。孟子问："假若您有一个臣子，把妻室儿女托付给朋友照顾，自己到楚国去了。等他回来时，他的妻子儿女却在挨饿受冻。对这样的朋友，该怎么办呢？"王答："和他绝交。"孟子说："假若管刑罚的长官不能管理他的部下，那该怎么办？"王答："撤掉他！"孟子又问："假若一个国家治理不好，那又该怎么办？"王这时只好"顾左右而言他"了。这里，如果孟子首先提问第三个问题，那必然引起齐宣王的愤怒。孟子先设两问，诱导齐宣王作出肯定的回答，然后才提出"应该怎样处置不会管理国家的国君"这个他最终要提问的问题，这当然使齐宣王无以答对了。

有效沟通的艺术

要想让答案更加清晰明确，发问者就要进行有控制性的提问，比如缩短应答者的思考范围、思考时间，给对方提供限制性答案等，这样可以在最短时间内收获最有效的结果。

问对问题，把沟通落到实处

日常闲聊免不了提问，但提问也不是随随便便提的，应见什么人发什么问。

1. 见什么人问什么话

人有男女老幼之分，该由老人回答的问题，向年轻人提出就不合适；该向男性提出的问题，也不能叫女性来回答。

每个人都有自己独立的性格色彩。有人性格外向、热情直率，对任何问题几乎都能谈笑风生、畅所欲言；有人寡言好思，情绪不外露，但态度比较严肃；也有人讷于言辞、孤僻自卑，对任何问题都敏感，甚至有点神经质。对性格外向的人尽管什么问题都可以提，但必须注意问得明白，不要把问题提得不着边际，否则很容易使谈话"走题"；对寡言好思的人，要开门见山、简洁明了，提问要富有逻辑性，尽量提那种"连锁式"问题，"你为什么会这样呢？""后来呢？"等等，这样可以促使他源源不断、步步深入地谈下去；对那种敏感而又讷于言辞的人，要善于引导，不宜开始就提冗长、棘手的问题，通常以他喜欢的话题，由浅入深据实发问，启发他把心里话说出来，但必须注意绝不能向他提令其发窘的问题。

2. 提问必须掌握最佳时机

提问并不像逛大街、上自由市场那样随时都可以进行。提问时机掌握得好，发问的效果才佳。两个过去很要好的朋友都刚刚走上工作岗位，一个偶然的机会他们相遇了，互相询问："你们单位怎样？工作还顺利吧，谈恋爱了吗？"显得既亲热自然，又在情理当中。但是，如果一位姑娘经人介绍与一位从未见过面的小伙子谈恋爱，公园门口两人准时赴约了，沉默了一会，姑娘抬起头来问："你谈过恋爱吗？工作轻松吗？工资多少？"其结局就可想而知了。中国人见面打招呼都喜欢问一句"吃了吗？"如果这话用在吃饭时间前后，倒也无妨，但如果下午三点左右在公共汽车上遇到熟人也问这么一句，就难免让人感到有点莫名其妙。

一般来说，当对方很忙或正在处理急事时，不宜提琐碎无聊的问题；当对方正专心欣赏音乐文娱节目或体育比赛时，不宜提与这支音乐或这场文娱节目和体育比赛无关的问题；当对方伤心或失意时，不宜提太复杂、太生硬、会引起对方不愉快的问题。

3. 提问也要看场合

比如你所领导的三个人都完不成你布置的任务，你想对此事加以证实并问清原因。你有两个办法：一是把他们一起找来问："是你们的一致看法吗？为什么？"二是把他们一个个找来问："你的看法和他俩一致吗？为什么？"前一问就不如后一问。因为前者三人在一起，人类固有的从众心理会不让他们说出实话来。因此，场合不同，回答就可能不同。

4. 提问要适应对方的心理

在问答过程中，提问的人、提问的内容、提问的方式，甚至提问行为本身都会对被问人的心理产生一定的影响。提问人必须根据被问人的心理特点进行提问，这样才能达到提问的目的，收到较好的效果。

一位记者采访一位乡下的老大娘，一见面寒暄几句，就问："听口音，大娘是山东人，好像是鲁中的吧？"

大娘一听就笑了："你这耳朵真灵。我是山东阳谷县人。"

记者又问："阳谷县？那不是好汉武松打虎的地方吗？景阳冈还有没有呀？"

大娘谈起家乡来，话就更多了。她也不拘谨了，不再把记者当外人，什么话都唠，甚至把村里的"内部新闻"也毫无保留地倒了出来。记者十分顺利地完成了采访任务。

身居异乡的人是最爱谈故乡的。记者的提问正把"兴奋点"选在谈故乡上，一下子就问到了"点"上，抓住了大娘的心理。这样的提问使原本陌生的两人迅速地达到了心理相容和心理共鸣，也就搭起了沟通彼此心灵的桥梁。

总之，一把钥匙开一把锁。我们应该注意选择最佳时机，针对不同的对象，采用不同的对策提问，让对方在轻松、自然的气氛中，把思想深处的东西和盘托出。

有效沟通的艺术

提问要有针对性，才能得到所需的答案，这才达到了真正有效的沟通。否则见人就胡乱发问，必定遭到对方的耻笑和反感。提问的内容要具体，含糊其辞或含沙射影的提问只会让人心生疑惑，产生误解。提问要实际、具体，沟通才能取得良好的效果。

工作中有效提问的8种方法

一次,有人问德鲁克:"我如何才能成功?"德鲁克回答说:"如果你不会提问,更不肯改变问问题的方式,你永远都不会成功。"

下面是工作中有效提问的8种方法。

1. 话题切入法

在提问中问什么?怎么问?话题的选择是一大关键。日本心理学家多湖辉曾经说过,要使对方乐于答话,莫如挑拣他擅长的来说。其实,提问也是如此。比如一个人乒乓球打得好,你就可首先问:"听说你打乒乓球很拿手,是吗?"和人交谈正如和人打乒乓球一样,问话人的提问就像打乒乓球时的发球,你以对方的擅长发问,就像特意发了个使对方容易接的球,他当然乐意还击,一来一往,谈笑风生,畅谈不休。在这个意义上说,提问可称为"谈话的发球"。

2. 词语突出法

饮食店的服务员问顾客:"您今天要些什么?"而不问:"您要些什么?"这个提问中加了"今天"两个字,虽看似无意,其实大有奥妙:因为他的提问就好像把顾客看成了老主顾,使顾客心里热乎乎的。

3. "二选一"选择问法

提问句按句式分有是非问、选择问、一般问、特殊问等几种,什么时候用哪种,这就有个选择问题。如有家咖啡店卖的可可里可以加鸡蛋。售货员就常问顾客:"要加鸡蛋吗?"这样一问,就有的顾客选择了不加鸡蛋。后来在一位人际关系专家的建议下,提问就变成了:"先生,您是要加一个鸡蛋,还是加两个鸡蛋?"通过这样的提问,就使顾客无论选择哪一种,都是选择了"加鸡蛋",从而使销售额大增。

4. 变换语序法

提问时的顺序也对对方的心理起到非常重要的诱导作用。同样一个提问,如果顺序一变,就会意思大变,所得到的结果自然也大不一样了。如日本战后许多商店因人手奇缺,想减少送货任务,又不想影响原先承诺的送货到家等商业信誉。于是有的商店就将"是您自己拿回去呢,还是给您送回去呢?"的问话改为"是给您送回去呢,还是您自己带回去呢?"结果大奏奇效:顾客听到后一种问法,大都这样回答说:"还是我自己带回去吧。"这是因为,人们一般在听人谈话时往往注意后面的话,甚至多数人将一段话或一句话的最后一句当作结论性的话来看,所以,许多人在听到这种问话后就选择了后面的做法。这样,商店既达到了自己的目的,又不违背文明服务的原则。

5. 旁敲侧击法

这是指不从正面切入,而是从侧面指向问题实质的一种提问方法。这种方法适用于双方经过一段时间的劝说与反劝说而未能取得理想效果的时候,一经"敲击",很可能会别有洞天,取得"四两拨千斤"之效。

第二次世界大战期间,美国陆军参谋长乔治·马歇尔将军和三军总司令罗斯福总统就制定战略计划发生了分歧。马歇尔认为美国必须大力加强地面部队,而海军出身的罗斯福则认为,目前最重要的是要加强空军和海军的力量,双方交锋多时,相持不下。马歇尔心里对罗斯福对海军的偏爱很是不满,但没有明说。在又一次交锋中,一向面色冷峻的马歇尔突然摆出一副笑脸说:"总统先生,你不要一提海军就'我们',一说陆军就'他们',行吗?"说罢,客气地坐下,把那份战略计划推给了罗斯福总统。罗斯福仔细地看了一下马歇尔,不自然地笑了。他客观地研究了马歇尔的建议，最后终于接受了以地面部队为主导的观点。很明显，如果马歇尔大喊大叫"你偏爱海军"与罗斯福纠缠个没完，结局会是如何难堪。而马歇尔先以一句话轻轻地"旁敲侧击"，再用以诚恳的祈使句"行吗"，不仅暗暗指责了罗斯福的偏颇，也暗示了如果罗斯福不去掉这种偏见将会对美国产生的不利影响与危害，可以说是不卑不亢、一语千钧、意味深长。

6.知难问答法

这种提问方法主要运用劝说对方放弃一种不切实际的打算与要求，即比较详细地摆出对方所要求事项的具体困难，以此来劝说对方知难而退，放弃原来的主意。运用知难问答法的诀窍在于如何提出难题。

1960年1月26日，周恩来接见并宴请了溥仪和他的几位亲属。这位中国的末代皇帝虽然身无所长，但当时还不太老，应该做点实际工作，才能度过后半截人生。怎样给他安排一份工作，让他既能欣然接受，又不感到委屈呢？就这个问题，周总理和他交谈起来。

周总理："今天和你谈谈，给你安排一下，你想搞哪种工作？"

溥仪："想搞轻工业或在公社中都可以。"

周总理："学工业倒不难，车床活主要看你的眼睛怎么样？"

溥仪："我的眼睛是700度近视。"

周总理："工艺精密的活儿是干不成了，我看可以找找各部的研究所，找一个合适的工作，你过去喜欢化学，还是物理？"

溥仪："我什么也没学过，物理、化学完全不会。"

周总理："你写的那本《我的后半生》还不错。"

溥仪："那是我口述，由我兄弟（指溥杰）执笔写的。"

周总理："这么说，你的文学底子也不大行喽！日文会不会？"

溥仪："不会。"

周总理:"轻工业的活儿很精细,可能更累些,你主要还得去研究点什么?"

溥仪:"旧社会把我造成一个大废物,现在我只听从党的安排,党认为怎样适当,我就怎么做。"

周总理:"在抚顺时搞过农业没有?"

溥仪:"只在温室里浇浇水。"

周总理:"如果你觉得从事农业劳动在室外好些,那也可以。主要是学点儿科学,也可以在试验农场嘛!"

溥仪:"最好从简单入手,从无到有,从浅到深。"

周恩来在这里所使用的就是知难问答法。溥仪提出想到轻工业或公社中工作,周总理知道并不适合他,但又不能当面拒绝,于是便提出了各种困难。他不可能不知道溥仪高度近视,让他到研究所从事化学或物理方面的工作更是难题。但他故意把这些提出来,就是为了让他知道自己不能胜任,知难而退。果然,在一连串的难题面前,溥仪打了退堂鼓,接受了到北京植物园工作的安排。

7.苏格拉底问答法

该问答法是古希腊哲学家苏格拉底发明并最擅长的一种提问法。它的诀窍就是在劝说中避开分歧意见,先提出一些对方可以认可的问题,然后再一步步地使之接受与原来相反意见的一种方法。

比如,一对好朋友因为一点小事闹翻了,你想要使他们和解,就可以找到其中一位,向他先提几个问题:"他(指与之发生不愉快的那一位)这个人是不是为人很正直?""是的。""他是不是很讲义气,愿意帮助别人?""是的。""他是不是对你有过好处?""是的。""既然如此,就不要计较一些小事了,还是和好吧!"说到这里,一般人都会接受劝告的。

心理学家认为，当人们做肯定回答的时候，全身组织放松，心情处于平静状态，因而易于接受不同意见。

要想成功地运用苏格拉底问答法，下列几点需要谨记在心：提问题多从对方的实际需要考虑；多提一般化的常识性问题，使对方不可能拒绝；多提无关宏旨的简单问题，不让对方多做思考；多提明确问题，不让对方做模棱两可的回答。

8. 类比诱问法

这种方法是把类比推理的过程变成一个个问句，诱使对方回答。古希腊的哲学家苏格拉底很善于利用类比诱问法说服别人。有一次，他和一个人就道德问题展开辩论。对方认为说谎就是不道德的。苏格拉底问道："那么在战场上对敌人说谎是不是道德的？"对方只得承认是道德的，但却辩解说对自己人不能说谎。苏格拉底又问："在我军陷入困境时，为了鼓舞士兵斗志，对他们说谎是不是道德的？"对方又承认是道德的，但提出对亲人说谎不道德。苏格拉底接着问："父亲想让孩子吃药，便撒谎说药不苦，这是不是道德的？"在苏格拉底的一连串类比诱问面前，对方心悦诚服地承认了苏格拉底的观点是正确的。

有效沟通的艺术

不同的提问方式会得到不同的应答效果。根据不同的情境、需求和内容，采取艺术性的提问，不仅可以让对方按着自己的思路被动就范，还能够心悦诚服地被说服。

第十章
身体会说话，无声胜有声的沟通

有研究表明，语言成为人类的沟通方式大约在200万年至50万年前，在此之前，人类口语尚未进化完成，肢体语言和咽喉发出声音一直是人类传递感情和信息的主要方式。至今，奇妙的肢体语言在沟通中仍起着不可忽视的作用。没有人会拒绝含情脉脉、目送秋波的温婉，同样，举手投足也是一种无声胜有声的传递。沟通，也可以在悄无声息中美妙地进行。

上篇　沟通秘籍

别撒谎，我看得出来

国际肢体语言专家阿尔伯特·麦拉宾有这样的研究结论，人在彼此交流中，一条信息产生的全部影响力有7%来自语言（仅指文字），38%来自声音（包括语音、音调等），而55%来自无声的身体语言。其他专家还有这样的观点：话语（指文字）的主要作用是传递信息，而身体语言左右着人与人之间思想的沟通。

事实上，我们在与人交流沟通时，即使不说话，也可以凭借对方的身体语言来探索他内心的秘密，对方也同样可以通过身体语言了解我们的真实想法。人们可以在语言上伪装自己，但身体语言却经常会"出卖"他们，因此，解译人们的体语密码，可以更准确地认识自己和了解他人。

人类的动作、表情是本能的，每个人平时说话都会不知不觉地作出某些表情动作。人们说话时变化的目光、或喜或怒的神态、举手投足的动作，经常同所表达的内容密切相关，同时也反映出说话人的修养。事实上，你同另一个人见面，虽然尚未正式开口说话，但交际活动已经开始，双方的眼神、表情、动作都在传递着信息。说话时对方不仅在听，还在看。皱眉头、嘴角向下撇，那显然是话不投机；和颜悦色、笑脸相对，说话就易于顺利进行。因此，在口语交际过程中，我们必须给这种无声的身体语言以应有的关注。如果在说话时能够恰到好处地运用身体语言，就能够使重点突出，使自己的表达更具有感情，形象生动，因而更富有吸引力和感染力，交际的效果会比单纯凭借有声语言好得多。大家知道，电视的宣传效果比起电台广播更突出更明显，重要原因之一就在于：电视节目同时作用于人的视觉和听觉,而电台广播只作用于人的听觉。

通过身体语言往往能够洞察对方的内心世界,辨识对方的性格特征,正如达·芬奇所说:容貌能显示出人的真性情,表露他的罪恶。例如,在心急如焚的情况下,有的人爱用嘴咬手指、眼镜、铅笔或其他小物件,这种人往往性格过分内向,喜好我行我素;有的人则爱用指尖轻捋头发,轻搔面部或把食指放在嘴唇上,这种人往往性格达观,处事泰然;还有的人爱抚摸下巴(一般是男人),这种人一般是"理智型",处理问题老练、审慎。

一个人的身体语言和有声语言,是构成其语言的两种重要形式。每个人在实施活动的过程中,针对不同的对象、场合等情况,有时可单独使用,有时也可将两者结合使用。但更多的情况下,要注意身体语言和有声语言的相辅相成的关系,更好地发挥自己言语的效能。

所以,在与人交谈时,为了更加接近彼此之间的距离,我们有必要了解和运用肢体语言在沟通中的作用。

1.头部语言

在对方讲话时,我们要适时地点头。大部分人从来没有意识到点头这一动作的威力,事实上,恰当的点头动作会成为相当具有说服力的工具。研究显示,如果聆听者每隔一段时间就向说话人作出点头的动作,每次做这个动作时点头次数以3次为宜,就会激发说话人的表达欲望,能够让他比平时健谈3~4倍。

点头的动作还具有相当的感染力。如果有人对你点头,你通常也会向他回报以点头的动作,即使你并不一定同意这个人所说的话。因此,在建立友善关系、赢得肯定意见与协作态度等方面,点头的动作无疑是绝佳的手段。

在点头的同时,我们的脸上应该表现出微微的笑容,眼睛直视对方。

2.身体语言

当我们与对方说话或聆听的时候,上身向前倾,会显得更有诚意,也更容易拉近你与对方的距离,赢得对方的好感。坐着的时候,靠着椅背不如上身稍向前倾来得好。当我们改变坐姿,很可能自自然然地就博得对方的好感,他会觉得我们很认真而且积极。

有效沟通的艺术

肢体语言简称体语,它是指非词语性的身体符号,包括目光与面部表情、身体动作与触摸、姿势与外貌、身体的空间距离等。学会读懂肢体语言,有利于人际间的沟通。

眼神：透露内心情感的信息

眼睛是心灵的窗口，目光是人们交流情感的重要媒介之一。即使再会伪装的人，他的眼神也不会骗过所有的人。发挥交往中目光的效能，可以使我们常常在不说一句话、不打一个手势中引起人们的注意，建立双方友好的交往关系。因此，千万别忘记眼睛和目光在社交中的妙用。

在人际交往中，眼神的奥妙在于它能反映一个人的喜、怒、哀、乐等情感，反映他的思维活动。高兴时就"眉开眼笑"，忧愁时就"愁眉不展"，得意时就"眉飞色舞"，动心时就"眉目传情"，惊诧时就"瞠目结舌"，如此等等，不一而足。可见，人的目光可以传递最细微的感情，传递许多用语言和手势无法准确表示的信息。依据眼神，通常可以了解一个人的内心世界。

一个人心里正在打什么主意，会通过他的眼神忠实地告诉别人。当一个女人对男人表示好感的时候，她的眼睛会说出嘴上不能说出的话，如睁大她充满活力的眼睛。当一个女人表示拒绝的时候，她就会用愤怒、轻蔑嘲笑的眼神，来表示她嘴上不愿说出的情感。当一个女人用从上到下或者从下到上的眼光扫视一个人的时候，表示对对方的轻蔑和审视。时而移开目光直视远处，这表示根本不关心你说什么；当你看到对方灰暗的眼光，就应该想到对方有不顺心的事或发生了什么意外的事情；而当你和对方交谈时，对方的眼睛突然明亮起来，则表示你的话触动了她的心灵和兴趣。常常有这种情况，有些人口头上极力反对，眼睛里却流露出赞成的神态；有些人花言巧语地吹嘘，可是眼神却表现出他是在撒谎。

上篇 沟通秘籍

孟子说过,看人胸中正与不正,要看他的"眸子",正直的人眼光是光明坦然的,不正直的人眼光是怯懦而灰暗的。曾国藩也说过,若一个人目光闪烁不定,这个人定非善类。是的,一个人在社交中要树立良好的形象,他的目光应该坦然、亲切、和蔼、有神韵。特别是和他人交谈的时候,目光应该注视对方,切忌躲躲闪闪、游移不定。在整个交谈的过程中目光不能离开对方,眼神要专心、温和、热情而慈祥。相反,假如他在和你交谈时眼睛躲躲闪闪、游移不定,那么,你心里就会很不舒服,这样的谈话你肯定一秒钟也不想进行下去。

眼神是一种在社交中通过视线接触来传递信息的表情语言。人们历来重视眼睛对行为所产生的巨大影响。以下几点应引起你的注意:

不要斜视对方,那是一种轻蔑与无礼的表现;

不要目不转睛地聚焦于对方脸上某个部位,那会使对方感到有一种巨大的压力,尤其是对异性;

不要显得目光呆滞,那会使人感到你神情木讷,漫不经心;

不要眯着眼看人,那会使人引起性的联想,特别是对于来自西方的异性;

不要总是与对方的目光对峙,那意味着相互间的激烈交锋与对抗。

总之,一双真诚而热情的眼睛能够拉近双方的心理距离。眼睛会说出人们内心深处的话,充满善意的眼睛不一定是一双美丽的大眼睛,但只要真诚,同样可以赢得人们的好感,让人终生难忘。

眼睛是灵魂的窗户,它毫不掩饰地展现你的学识、品性、情操、趣味、审美观和性格。一个敏锐的人,总是善于捕捉人们瞬息万变的眼神,洞察对方的内心。

有效沟通的艺术

社交场合最受欢迎的眼神应该是：智慧、诚恳、明亮、平静、友好、坦然、专注、坚定的眼神；社交场合应该忌讳的眼神：挑逗、仇恨、轻佻、卑琐、轻蔑、奸诈、愤怒、凶狠、阴沉、游离、茫然的眼神。在与人沟通过程中，不可忽视这些眼神所透露的信息。

脸色：读懂人的内心活动

人的身体构造及社会环境决定了人的生理功能和心理活动，而这些功能和活动影响着人体的外部表征和表现行为。因此，我们从这些外部表征和活动行为的各种现象中，能按照一定的统计规律总结归纳出一些类型，推理分析各类型与人们生理和心理活动的关系，从而了解人的内在活动状态。这也是古代人提出的"面相说"有一定道理的地方。所以，我们通过头面部的表现能在一定程度上"读懂"人的内心活动。

嘴巴不仅用来表达有声语言，也可反映人的情绪和心理活动。比如，嘴唇闭拢表示心态宁静、端庄自然；嘴唇半开或全开表示疑问、奇怪、有点惊讶；嘴角上扬表示善意、礼貌、喜悦；嘴角下垂表示痛苦悲伤、无可奈何；噘嘴一般表示生气、不满意；嘴唇紧绷，多半是表示愤怒、对抗或者决心已定；在交谈时，用牙齿咬住嘴唇，说明正用心地倾听他人的讲话，也可能是在认真地反省自己；等等。

据科学家们研究发现，配合眼球的活动，感情在脸部的左边比较容易显现出来。如果用脸的同一边所合成的照片来看，左脸感情的流露较为明显，如果你无法抓住对方心理时，下意识地看看他的左脸，大致可窥知一二。

笑是人类最美丽的动作，也是最能观察对方情绪的一个动作。不同的人有着不同的笑法。喜欢开口大笑的人性格粗犷、不拘小节、行为大方，但缺乏一定的耐心，一遇到困难，就易知难而退，容易让人产生做事虎头蛇尾的误解。喜欢微笑的人性格内向、不善言语，与人交流存在一定的困难，但注意细节，喜欢对对方言语进行分析。眯眼笑的人性格倔强固执，对周围人不够坦诚，有时明知其事但假装不知而不与人语，也往往因为这个而吃亏。性情不算和气，一旦不悦即大发脾气。他们多才多艺，有理想、有抱负，但不愿与人合作行事。娇笑的人喜欢从现实角度出发，在感情和婚姻上，几乎把对方的能力、学识等所有指标当作不可或缺的条件。在事业上则缺乏主见，即使有自己的想法也缺乏自信心而随波逐流。

笑起来带有谄媚的意味，这样的人深谙处世之道，或者是能力一般，以笑迎人。无论在什么场合，这类人总是唯唯诺诺。从心理学角度看，这类人不会把握自己，呈现出一种自我否定的状态，不相信自身的能力。

爱嘲笑别人的人，常有一些不错的主意，却只是作壁上观，对别人的拙劣表现或无能抱有讥讽和嘲弄。这类人往往得理不饶人，说话尖酸，对人要求苛刻。在工作上只会指手画脚，缺乏实干精神。

爱冷笑的人有严重的对抗心理，嫉妒心强，对别人的成就不屑一顾甚至疏远，强烈的虚荣心使得这类人不能容忍别人比自己强和得到认可。

经常暗笑的人容易患得患失，这类人把个人得失看得很重，得到了又紧握手中生怕丢掉。做什么事都非常谨慎，甚至超额完成任务，对胜利常表现出势在必得的信心。同时，由于强烈的自我保护心理，使得这类人有些斤斤计较，注意眼前的利益而失去一些难得的机遇。

奸笑令人生畏，这类人通常是阴险狡诈的，自私心理严重，对物质有强烈的占有欲。

浅笑的人给人一种优雅的感觉，这类人很少参加社交活动，属于自我封闭的类型。由于闭目塞听，不免思维狭窄，容易否定自己，甚至自暴自弃。但无论怎样，始终会保持儒雅的风度。从鼻子里发出笑声，不让别人注意，这种人很在意别人的感觉，而别人也喜欢其细心细致的一面。

表情语言是内在情感的外部显现。它通过诸多无声的体态语言形象

上篇　沟通秘籍

化、生动化，以达到先"声"夺人、耐人寻味的效果。它能充分弥补语言表达的不足，并可帮助接受信息的人深刻、准确地把握言事意旨，有效地避免因言语表达的匮乏而带来的误解。

比如，在长辈直言怒斥后生时辅以爱抚、安慰的眼神，会叫人心悦诚服；在妻子需要袖手旁观的丈夫帮忙做家务时，伴有一个亲昵、温柔的举动，会让丈夫饶有兴趣地来参与；在向下属吩咐工作时附上一个善解人意的微笑，则能令人心情舒畅；等等。学会看脸色行事，就会避免因语言不详而导致的言语沟通中的麻烦与障碍。

当然，靠表情来洞察一个人的心理有时也并不准确，因为在人性的丛林里，"面具"成为人际交往中用以掩护自己的常用手段。所以，要想真正了解一个人，还需要识破表情伪装。面无表情、不露声色、面不改色，这些隐藏起来的情感很难被观察者发现，如果按正常的思维去解读对方的心理可能会得出截然相反的结论，陷入经验主义错误。阅人应注意识破对方的伪装表情和肢体语言信号，努力从对方的假信息中辨出真伪。

有效沟通的艺术

在与人沟通时，通过一个人的面部表情可以看穿一个人的心理，看透他是什么样的人，因为每个人的表情后面是他的生活经历、学识修养、心态人格的生动写照。

手势：沟通的第二唇舌

在人的行为举止中，手势是十分突出的。演讲、教学、谈判、辩论乃至日常交谈，都离不开手势，手势是第二唇舌。

手势是加强语言感染力的一种辅助动作，有的手势只是一种下意识的举动，如搔首弄姿、拉耳掰手，或甩甩铅笔、摆弄锁链之类。另一种情况，有些人主观上为加强语气而特意采取的手势动作。

通常情况，人们习惯性的手势有如下几种。

1. 十指交叉

在人们面带微笑和愉快的谈话时，常常无意识地将十指交叉。常见的姿势是交叉着十指举在面前，面带微笑地看着对方；也有的交叉着十指平放在桌面上，这种动作，常见于发言人。出现这个动作时，表明发言者正处于心平气和、娓娓叙谈的时候。

一般来说，作出十指交叉手势时，手位置的高低似乎与消极情绪的强弱有关。有的将十指交叉放在膝上，也有的站立时将十指交叉放在腹前。按交往的经验而言，高位十指交叉比中位十指交叉更显得莫测高深。当我们演讲或是日常生活中与人交谈时，如果遇到情绪消极的情况，作出十指交叉的手势，可以在心理上起到自我保护的作用，从而使谈话更少受到消极情绪的负面影响。

2. 双手叉腰

双手叉在腰间，这是一种表示抗议、进攻的常见举动。这种姿势还被认为是成功者所独有的站姿，它可使人联想到那些雄心勃勃、不达目的誓不罢休的人。这些人在向自己的奋斗目标进发时,都爱采用这种姿势,它含有挑战、奋勇向前的意思。

3."尖塔"手势

有人喜欢把两手指尖合起来,形成一种"尖塔"的手势。这是一种有信心的动作,但有时也表现出一种装模作样、自大或骄傲的心态。尖塔姿势有公开的与隐蔽的两种形式。妇女的尖塔动作是隐蔽类型的典型。她们在坐着时把手搁在膝上,在站着时把合着的手轻放在及腰的位置。职员、律师、政府公务员等处理行政业务的人,也往往喜欢摆出尖塔的姿势。专家研究发现,自信程度越高的人,尖塔姿势的位置也越高。

4.互搓手掌

这种肢体语言常表达一种美好的期望。比如掷骰子的人用手掌搓骰子,表示期望成为赢家。主持仪式的人搓手掌,并对听众说:"我们早就期待着下一个发言人。"兴高采烈的推销员跑进销售经理的办公室,搓着手掌说:"老板,我们得到了一笔很大的订货!"当一个人急速地搓动手掌时,他用这个动作告诉对方,他将得到他所期待的结果。

5.双手攥在一起

乍看起来,这个姿势似乎是表示充满信心的,因为人们采取这个姿势时,往往是满面笑容、心情愉快的。然而,这个姿势实际上显示了一种失望或敌对的态度。当一个推销员描述他是怎样失去一笔生意时:他谈着谈着,双手不知不觉就攥在一起。

研究表明,将双手攥在一起,是一种失望的姿势,反映此人克制着一种消极态度。这个手势主要有三种:在自己的面前攥手;把攥起的手放在桌子上;如果是坐着,把手放在膝盖上,如果是站着,双手在小腹前握紧。

6.双手平摊

双手摊平,表示坦诚、真实,同时也能鼓励对方坦诚相待。当人们开始说心里话或说实话时，总是把手掌张开显示给对方。像大多数肢体语言一样，这一举止有时是无意识的，有时是有意识的，它都使人感到或预感到对方将要讲真话。相反，小孩在撒谎或隐瞒真相时总是将其手掌藏在背后，当夜晚与朋友玩耍到凌晨方归的丈夫不愿对妻子说出他的去处时，常常将手插在衣兜里或两臂相抱将手掌藏起来，而妻子则可以从丈夫隐藏的手掌上感觉到另有隐情。由此可见，与他人交谈时你不时伸出双手摊开，能够使你显得诚实可靠。有趣的是，大多数人发现摊开手掌时不仅不容易说谎，而且还有助于制止对方说谎，有鼓励对方坦诚相待的作用。

西方有心理学家断言：判断一个人是否坦率与真诚，最有效、最直观的方法就是观察其手掌姿势是否双手摊开。当人们愿意表示完全坦率或真诚时，就向人们摊开双手，说："没有什么值得隐瞒的，让我坦白地告诉你吧。"

7.手势下劈

手势下劈给人一种泰山压顶、不容置疑之势，使用这种手势的人，一般都高高在上，高傲自负，喜欢以自我为中心。他的观点不容许他人轻易反驳。伴随着这个动作的意思是"就这么办""这事情就这样决定了""不行，我不同意"，等等。在日常生活中，我们也常遇到一些领导，在讲话时为了强调自己的观点，把手势往下劈。每当这个时候，听者最好不要轻易提出相悖的观点，对方一般不会轻易采纳的。平常与同事或朋友三五成群地争论问题，有人为了证明自己的观点而否定别人的观点，也常用这种手势否定别人的观点，打断别人的话。善于识别这种手势语言，有助于我们为人处世时采取适当的姿态。

8.手势上扬

手势上扬代表着赞同、满意或鼓舞、号召的意思，有时候也用以打招呼。演讲或说话时手势上扬，最能体现个人风格，表明演讲者或说话者是个性格开朗、豪放、不拘于形式的人。

手势上扬是一种幅度比较大的手势动作,容易使人产生比较鲜明的视觉形象。法国前总统戴高乐进行公开演讲时,他的习惯动作是两臂向上。其目的只是为了强调他的讲话。手势上扬是一种能显示出个人特点、很受人欢迎的手势,可以塑造出一种豪放、大度、有号召力的语言能力。

9. 攥拳

有时在演讲或说话时,捏紧拳头,则是向听众表示:"我是有力量的!"但如果是在有矛盾的人面前攥紧拳头,则表示:"我不会怕你,要不要尝尝我拳头的滋味?"显示的是一种果断、坚决、自信和力量。平时我们听人演讲见人讲话时攥紧拳头,证明这个人很自信,很有感召力。

有效沟通的艺术

手是心灵之窗的指向。事实上,人的双手与大脑间的神经关联远多于人体其他部位。因此,手能够更好更准确地表达内心思想和情感,比如在激励团队或与他人交流时,加入手势强化表达就是最直接和强有力的。

姿态：使你的语言更动听

与人沟通时，语言的内容重要，但也不要忘了要根据对方的言行相应地作出肢体上的回应。

小李结婚10年了，在结婚纪念日将要到来的时候，他打算为妻子准备一份特别的结婚周年纪念礼物。他把目标锁定在两个选择上：一个是最新款的掌上电脑，另一个是可以挂在餐厅中的一幅画。

小李到了商场以后，首先来到了电脑区，当时正是上午的中间时段，这里的人并不多。小李向柜台走过去，一名身穿黑色西装的促销员正在点头微笑。一切进行得还不错。这名促销员开始讲解各款掌上电脑的差异。在作讲解的时候，这个促销员抬起右脚，放在了身边的一个小凳子上。然后，他的身体向右腿膝部前倾。尽管促销员讲解得很详细，但是，小李还是迫不及待地离开了那里。并不是他对店员的讲解不感兴趣，只是对方这种抬腿的不雅姿势与自己的举止完全不合拍，这让他感到很不舒服。

商场的另一端是个画廊，小李在一幅引起他注意的画前停下来，一副深思的样子：重心落在一条腿上，胳膊弯曲，但一只手扶在脸部，一个手指停在了嘴唇边。过了大概一分钟，他发觉有人静静地站在自己身边，和自己一样欣赏着那幅画，然后他听到一个轻柔的声音简单地说："是不是很不错？""嗯，不错。"小李若有所思地回答道。"如果需要帮助，请告诉我。"他身边那位女士说。然后，她抽身退到了画廊的另一端。不到5分钟，小李就买下了那幅画。

那位促销员介绍得很详细，而这位女士只是简单地说了一句话，为什

上篇　沟通秘籍

么小李就决定买下那幅画？

答案是，小李只是看到画就感到舒服。那位女士悄悄地走到他身边，使用的是和他一样的身体语言，形成了相同的姿态。她用完美而毫不费力的同步技巧，天衣无缝地与小李进行着交往：55%身体语言，38%语调和7%言语。

在观察中，我们也发现，在与陌生人沟通时，当他们逐渐了解了对方的情况后，感觉会很自在，以后，他们的身体姿态就会发生一系列变化，充满戒备意味的双臂和双腿互相交叉的姿势，会逐渐转向开放自然的姿势。在任何环境里，这样的转变过程都遵循着完全相同的程式。

这个转变过程是从封闭的身体姿态开始的，也就是双臂和双腿都呈交叉的状态。当两个人之间的交谈变得比较愉快，相互间建立起了和谐友善的关系时，最先发生变化的就是腿部动作。他们不再保持两腿交叉的姿势，而是两脚并拢，形成立正的站姿。

接着，交叉的双臂中处于上方的那只手臂会伸出来，而且在说话的时候手掌还会作出一些手势。尽管这只伸出的手臂还没有完全放开，但已经不再是阻挡对方的屏障，此时，它不过作为另一只手的支撑，使整个上半身呈现单臂遮挡于前胸的姿势。

渐渐地，双臂都放松下来，一只手做着手势，或是置于臀部，也可能是插在裤子口袋里。

最后，彼此熟知的两个人都采取稍息的站姿，双臂自然舒展，显示出乐于接受对方的态度。

在公司的销售工作奖评会上，当公司领导对销售经理的管理水平提出急待提高及工作改进建议时，与会的销售经理坐在那里臂腿交叉，神态呆滞，显示出种种表示异议和防御性的身体语言信号。十分有趣的是，当这位发言人转了话题，开始讨论经理的作用与推销员的关系时，几乎所有的与会者都顿时振作起来，并将腿的姿势变成了一种交叉姿势。显然，这些经理此时对领导的赞评表示认同，心情愉快。

艺术家们通常是以人的体态作为心理外现的描绘，构成美的特征形式的。达·芬奇的名画《最后的晚餐》（以耶稣被钉死的前夜和十二门徒举行的最后一次晚餐为题材）就是通过描绘13个人所表露的各自不同的神情状态的一瞬间而揭示出其真实内心的。"拉奥孔雕像"表现的是被巨蟒致命地袭击所造成极大的恐慌，也是通过身体所有部位的"肌肉运动已达到极限，它们像一块块的小山丘相互紧密毗连，表达出在痛苦和反抗状态下的力量与极度紧张"。"尤卢娜雕像"，以大而突出的眼睛所传达地目光显示出王权的骄傲。帕拉斯雕像，眼睛不那么突出，也睁得不大，头的动态没有傲慢的气派，目光略微向下，似乎在静观之中，这象征着少女的纯洁心灵。而维纳斯的雕像，下眼睑有些向上弯曲，使她微微启开的眼睛以一种诱惑人的、倦怠的表情，流露出她圣洁的爱心。"狄安娜雕像"，目光总是置邻近物体于不顾，直射远方，这与她的少女模样、急速行走的姿势和外向型的心理特征是吻合的。

我国古辞《陌上桑》里说："行者见罗敷，下担捋髭须。少年见罗敷，脱帽著帩头。耕者忘其犁，锄者忘其锄。"通过描绘旁观者看到罗敷后种种忘情的神态，惟妙惟肖地表现了这些人对她美丽姿容的惊慕与倾倒的心理。

再如施耐庵的《水浒》第八回写道：智深抡起禅杖，把松树只一下，打得树有二寸深痕，齐齐折了……董超、薛霸都吐出舌头来，半响缩不进去。想要加害林冲的两个公差，被鲁智深的神勇之举吓呆了，暴露了其猥琐、恐惧的心理。

奥地利作家斯蒂芬·茨威格的小说《一个女人的一生的24小时》中说："贪婪者的手抓搔不已，挥霍者的手肌肉松弛，老谋深算者两手安静，思前虑后者则关节跳弹。"

作家出色地描绘了绿色赌台上赌徒们的千姿百态，从中透视出形形色色的人物不同的内心世界。

有效沟通的艺术

姿态反映一个人的精神面貌和内心情感，通过人物的神态来了解人的内心世界，是沟通过程中必要的方法和手段。

看透小动作中的心理动机

一个人的真实本性往往通过生活中的小细节表现出来，比如做一些小动作、假动作和下意识动作等，这些小动作是在长期生活中自然形成的。仔细观察这些小动作，能够看出一个人的心理活动。

1. 掩嘴

这是一种明显未成熟、还带孩子气的动作。也许说谎者大脑潜意识中不想说那些骗人的话，而导致了掩嘴这一动作。也有人假装咳嗽来掩饰其捂嘴的动作，分散自己的注意力。如果一个同你谈话的人常伴有掩嘴的手势，也许他正在说谎话。可当你讲话时，听者掩着嘴，也许说明听者觉得你的话令他不满意。有时，这种掩嘴的动作可能会出现不同的形式：用指尖轻轻触摸一下嘴唇；将手握成拳状，将嘴遮住。

2. 摸鼻子

有时，当一个人说谎后，会有一种愧疚感进入大脑，于是大脑会下意识地指示手指去遮捂嘴，但是，到了最后的关头，又害怕别人看出他在说谎，因此，只是很快地在鼻子上摸一下，马上就把手放下来。当一个人不是在说谎，那么，他触摸鼻子时，一般要用手在鼻子上摩擦一会儿，或搔抓一下，而不是只轻轻触摸一下。

3. 擦眼睛

有些人在说谎时，会去擦眼睛以避免与人的目光接触。对于男人来讲，擦眼睛较用力，如果是说大谎时，他会转移视线，如用眼睛看着地板。而对于女人来讲，擦眼睛都是在眼的下方轻轻地揉。

4. 拉衣领

有时，当一个人说谎时，会引起敏感的面部和颈部组织的刺痛感，因而就必须用手来揉或搔抓。说谎的人感到对方怀疑他时，脖子似乎都会冒汗，这时他会下意识地拉一拉衣领。

5. 搓耳朵

这种手势暗示着听者没有听出谎言。搓耳朵的变化形式还包括拉耳朵，这种手势是小孩子双手掩耳动作在成人动作中的一种重现。搓耳的说谎者还会用手拉耳垂或整个耳朵朝前弯曲在耳孔上，对于听者来说，后一种手势也是表示厌烦的标志。

6. 吐烟圈

这类人突出的特点是与别人谈话时，总是目不转睛地看着对方，支配欲望强，不喜欢受约束，为人比较慷慨，哥们儿义气重。吐烟圈还能看出此人对某个状况是积极的还是消极的态度，一个积极、自信的人多半会把烟向上吐；相反，消极、多疑的人多半会朝下吐烟；由嘴角吐烟时，表示出此人非常消极或诡秘的态度。

7. 拍打头

这个动作多表示对某件事情突然有了新的认识，如果说刚才还陷入困境，现在则走出了迷雾，找到了处理事情的办法。拍打的部位如果是后脑勺，表明这类人敬业，拍打脑部只是为了放松一下自己。时常拍打前额的人是个直肠子，有什么说什么，不怕得罪人。

8. 手摸颈后

当一个人习惯用手摸颈后时，是出现了恼恨或懊悔等负面情绪。这个姿势称为"防卫式的攻击姿态"，在遇到危险时，人们常常不由自主地用手护住脑后。但在防卫式的攻击姿势中，他们的防卫是伪装，所以手没有放到脑后，而是放到了颈后。女人伸手向后，撩起头发，来掩饰自己的恼恨情绪，并装作毫不在意的样子。

9.拍案击节

谈话时，一个人以手在桌上叩击出单调的节奏，或者用笔杆敲打桌面，同时脚跟在地板上打拍子，或抖动脚，或用脚尖轻拍，这种节奏并不中途停止，而是不断地嗒嗒作响，这些都是在告诉你他已经对你所讲的话感到厌烦了。一个人在看书、读报、看电视，尤其是看球赛之类时突然拍案击节，表示他对故事情节或运动员的某个动作表示赞赏。这类人性格乐观，对烦恼不记挂于心。

10.抖动腿脚

喜欢用腿或脚尖使整个腿部颤动，有时候还用脚尖磕打脚尖或者以脚掌拍打地面，这种人很能自我欣赏，性格较保守，很少考虑别人。然而当朋友有困难时，他会经常给朋友提出一些意想不到的好建议。

有效沟通的艺术

一个人在某一段时间内可能会同时发生许多动作，也可能一个接一个地发生。比如手臂交缠、脚踝交叠以及握起拳头的一连串动作。沟通时，我们可以将自己尽可能置身于被观察者的立场，去体会对方的一举一动。

下篇 沟通实战

第十一章
企业沟通，畅通渠道顺畅沟通

有沟通就有企业的和谐；有沟通就有企业的成功，有沟通一切都有可能！作为企业的管理者，驾驭团队运作必须促进彼此沟通，从小事做起，从自己做起。抽出一些宝贵时间，开个民主生活会；用典型事例激励一下员工；写一篇文章，勾画团队美好的未来。使每一个人的力量尽数发挥，并叠加在一起形成"共振"效果。

改善企业沟通中的困境

企业中往往会存在缺乏沟通的问题,这对企业的健康成长极为不利。企业家、经理人应当冲出缺乏沟通的困境。当然,企业中缺乏沟通也可能是经理人自身存在的问题,你与别人沟通的方式会影响别人与你沟通的方式。

在改善沟通前,你要让沟通的重要性及改进沟通的重要性为每个员工所知。召开一个未事先通知的不让员工准备的会议,在人们到场时,让每个人都对自己小组内部的沟通程度作出评价,用1~10的数字表示评价的高低。同时,让他们对整个企业的沟通情况提出看法,并且要求他们把意见写在卡片上,以便在会议上传阅,当然也可以使用挂图式投影仪做图示讲解。由于事先没有准备,人们会提出自然的、未经深思熟虑的看法。最后,要找出两三种方法来改善企业的沟通状况,让自己的领导成员接受这些建议并认真去做。这样,改进沟通状况就有了一个起点。

真正有效的沟通,并非一日之功。以下技巧有助你提高沟通能力,解决沟通中碰到的难题,使你的每次沟通都富有成效。

1. 建立联系

有很多方法能使你的领导成员和企业人员联系起来,如开会、共同完成一个任务、午餐闲谈、晚餐闲谈和个人交往。如果沟通遇到地理上的障碍,就应派人花些时间,带着明确的目的到一些不同的地点去。

2. 尊重不同意见

具有不同背景、不同文化、不同种族的人会有不同的价值观。对文化差异的研究会增进业务上的沟通,能在你的领导成员中形成相互理解、信赖和尊重的和谐关系。

3.重视通信工具的选用

现在的通讯方式多种多样,微信、语音邮件、电子邮件、电话、传真、视频、卫星中继等为人们提供了多种选择,方便了人们沟通,尤其是人与人之间的电话来往更是具有很大的价值,其方便、快捷是其他方式所不能代替的。面对面的交往也很重要,尤其是深入的交谈,更应当鼓励。

4.鼓励沟通信息和想法

可以采取以下方式:论坛、圆桌讨论、互联网交谈、在线聊天或公告板,还可以用某些特殊的程序。另外,经理人也应当注意,开一个沟通会议时,要让它的气氛变得令人愉快,要学会做一名热情、友好并有着真挚兴趣的听众。要尊重他人的时间,开始时间和结束时间都要准时。要学会倾听、询问的技巧,要善于接受意见,还要欢迎不同的观点。

5.妥善处理期望值

要想消除双方期望值之间的差异,一种途径是订立业绩协议。员工与企业签订的业绩协议可使双方明确彼此的期望和要求,帮助设计双方都能达到的目标,并且定期评估协议以确保双方的目标和要求都能得到实现。

另一种方式是清楚说明你的期望。这样,能否达到你的期望,对方有责任向你说明。这种做法可以使你根据需要对自己的期望做些有效调整,预先消除可能出现的伤害和失望感。

6.认真听取,积极给予反馈

一般来说,反馈是事实和情感因素的结合。沟通中的实质信息和关系信息很容易带来误解,招致不满。因此,在提供反馈意见时,应强调成长进步,不要妄作评判或横加指责。听取别人的反馈时,则要抓住其中对自己有价值的东西,不要计较对方的身份和沟通的方式,做到"言者无罪,闻者足戒"。

7. 平息对方的怒火

当对方怒气冲冲时,如何冷静处之,使对方平息下来?在此向你介绍几招:让对方的火发泄出来;表示体谅对方的感受;询问是否需要帮助;针对问题谈问题,也就是就事论事。一般情况下,最正常的反应是,找惹人发怒的人谈谈,然后逐一解决问题。

8. 有创意地正面交锋

当所有其他方式都行不通时,唯有正面交锋。这也是摆平各方、理顺头绪的一个机会。如果不愿正面对垒,不要因为害怕而逃避,要理直气壮。当然有的时候,借故避开也不失为明智之举。

9. 果断决策

如果你疲惫不堪、心中烦恼或忙得无法分身,坦然地说出来。另找一个时间,使自己处于最佳状态来处理局势和有关人员的事。

如果优柔寡断、迟疑不决,可采用以下步骤予以补救:回顾所有事实;反复过滤各种可行方案;选择最佳方式,哪怕这意味着你要多受点委屈;一旦决策,立即行动。

10. 对失误不必耿耿于怀

沟通中出现失误,让你失望或受到伤害,不要挂在心上。不妨自问一下,想不想背上这包袱?自己能从中得到什么?一旦尽心尽力地澄清了沟通中出现的失误,就要为自己付出的努力骄傲,该过去的让它过去。

有效沟通的艺术

做一次自我评估,你会发现别人都在效仿你。因此,要改善企业中的沟通现状,自己要首先行动起来。

组织内部沟通

有效的沟通与交流是优秀企业所必需的。惠普的一位高级经理说:"我们真的不清楚创新过程到底是如何进行的,但有一点我们却非常清楚:员工之间有效的沟通是必要的。员工之间能够自由自在地交流应成为企业考虑的一个问题,不管我们在做什么,不管我们采用什么样的组织形式,尝试什么样的制度,这是企业生存和发展的基础。我们做什么事情都不能损坏这个基础。"

在优秀企业里,员工之间的沟通方式有5个特征,这些方式可以推动企业的创新活动。

1. 无拘束沟通方式

"沟通"的特点和用途在优秀公司中的表现明显与其在一般同业中的表现不同。优秀公司是信息和开放式沟通联络的一张庞大网络。其模式和密度,使员工彼此间沟通和联络的特权得以发展。系统内混乱的财产之所以能得到很好的管理,正是沟通的规律性和特性的反映。优秀公司非常注重无拘束的非正式沟通。例如,迪士尼公司的每名员工都佩戴一个写着自己名字的标签。惠普公司也非常注重员工的名字,此外还实行"门户开放政策"。曾拥有35万员工的IBM公司绞尽脑汁地推行"门户开放政策",受到全体雇员的推崇。该公司的董事长通过其雇员来答复顾客向他提出的所有抱怨。

提供精简的环境设备有助于自由沟通的开展。康宁玻璃公司在新盖的工程大楼内安装升降扶梯,用以增加面对面沟通的机会。3M公司协助任何申请者组成俱乐部,以便增加午餐时间解决问题的机会。一名花旗银行的职员发现:把意见分歧的不同部门的职员安排在同一幢楼上班后,分歧意见便很自然地被解决了。

惠普公司所有的金玉良言均与加强沟通有关,即使是惠普的环境设备和精神信条也都更多地强调了沟通。在旧金山PaloAlto附近的公司里,你稍微走动一下,就会看到许多人聚在一起讨论问题。这种专案小组的会议可能会包括研究发展、制造、工程、市场与销售部门的员工。但是有许多大公司的经理从不与顾客或销售人员谈话,也从不瞧一眼或摸一下产品。一位惠普公司的员工在谈到该公司的核心组织经验时说:"我们也不清楚到底哪种组织结构最好,我们唯一明确的就是,先进行无拘无束的自由沟通,这是解决问题的关键所在,我们必须不惜任何代价来坚持!"

3M公司的信条同惠普公司的大同小异,该公司的一位主管说:"我们抛开繁文缛节,与每一位员工进行自由的交谈。"在3M公司,有大大小小开不完的会,但很少是事先安排的,多半是几个来自不同部门的员工,凑到一起商讨问题。公司的氛围如同校园,员工在一块儿讨论,气氛融洽平实但又不失学术气息,再加上公司结构的一些特点,使得员工在相处一段时间后能彼此熟悉,志同道合的人自然而然地经常聚在一起。

2.沟通频繁且深入

埃克森石油公司和花旗银行,是两家以"无阻碍沟通"而闻名于同行业的公司。在这两个公司,只要一进行提案的研讨,每个人讲话的声音都提高八度。员工自由地提出和讨论问题,气氛非常融洽轻松。只要有异议,任何人都可以随时打断董事长、总经理和会上任何人的发言。

许多默默无闻的企业,其高级经理人员尽管在一起工作了二三十年,但除了正式安排的会议外,很少聚在一起讨论问题。公司开会时,他们也只是缄默一旁,等着别人提出方案,最终只是礼貌性地评论一下。更有甚者，同一楼层办公室的同事也只是用公文便条来交流一下，绝对不会坐在一块海侃神聊。这些行为与优秀企业的沟通方式形成了鲜明的对比，像凯特皮勒公司的最高层10位主管每天的"无固定议题、无会议记录"的会议，弗卢尔工程和德尔塔航空公司10位高级经理的"咖啡谈话会"以及麦当劳高层每日的非正式聚会，这些行为与一般企业的沟通交流方式形成了强烈的反差。

3.具备沟通所需的物质支持条件

IBM一位资深职员，跳槽到另一家高科技公司，从事一项重要的研究计划。工作几星期后，他走进该公司一位主管的办公室，关上门说："我遇到了麻烦。"那位主管顿时脸一阵白：这个家伙可是这个研究的关键人物。这位前IBM员工继续说："有件事我实在搞不懂，为什么你们这里连一块黑板都没有？没有黑板，你叫大家如何相互交流沟通？"他的话是有来历的。当初汤姆·沃森上任时，就是站在黑板前，拿着黑板擦，与员工共同商讨企业遇到的问题，才把企业搞起来的。类似这样的工具，有助于非正式交流活动的深入进行。这种活动能刺激创新。

另一家公司的总经理也谈到他最近的一项创举："我把公司餐厅里4人用的小圆桌，全部换成长方形的大长桌。这是一个很重大的改变，如果用小圆桌，就会是4个熟悉已久的人坐在一起进餐。用大长桌的情形就不同了，其他陌生人就有机会坐下来和他们聊天，如此一来，研究人员就有可能遇到其他部门的销售人员或者是从事产品制造的工程师。这就好比在玩概率游戏，每增加一些接触的机会，都能增加员工之间意见的交流。"

4.建立深入的、非正式的交流系统

这种系统刺激创新活动，而不是抑制创新活动。3M公司是一个典型的例子："当然，我们处于严密的控制之下。每个小组花几百万美元从事任何一项产品研究时，四周必定有一大群对研究感兴趣的人在观察研究的进

下篇　沟通实战

展情况。"我们相信,其余优秀企业类似的控制活动也非常严格。在任何一个公司,你干任何一件事情,身边必定有许多人在注视着你,尽管他们是很随意的。但在我们知道的其他企业中,这种控制活动非常严格且有刚性。你可以在没研制出任何成果的情况下花掉500万美元,没有人会知道的,只要你及时正确地填写所需的表格即可。

5. 餐桌面谈沟通法

随着企业的发展壮大,企业中的雇员会大为增加,组织机构的设置也会越来越复杂。在这种情况下,经理人颇感头痛的问题就会增多,比如各职能部门之间的协调与沟通问题。随着企业规模的扩大,为了便于管理,需要设立彼此独立的各个部门。但是企业要成为一个有机的整体,部门之间的沟通就显得十分重要。而在实际管理实践中,各部门之间的沟通往往会遇到很多障碍。有一家公司找到了一种极为简便的方法来增进各部门之间的沟通,这就是"餐桌面谈法"。

西诺普提克斯通讯公司,专门生产配套计算机系统。在4年的时间内,这家公司的雇员由11人增至425人。企业的规模不断扩大,5个职能部门之间的彼此沟通就显得越来越重要。而在实际中,各部门之间的沟通存在不少的障碍。

有一次,生产部门的主管实在是难以忍受其他部门的不配合;就对组装一种新型电路耗费工时过多连连抱怨,这引起了公司总裁的注意。时任该公司总裁的是安德鲁·拉德威克。他为了解决这位主管的抱怨,专门请来这位主管和一位工程师,和他们一起用餐。在就餐时,让他们就如何加快组装的问题进行协商。两人的协商是很有效的。最终,他们找到了一个简单的加快组装的办法:只需更换一种更小、更便宜的部件,就能大大缩短工时。受这次用餐协商成果的启发,拉德威克想出了"餐桌面谈法",并认为这是解决实际问题,增进部门间的沟通的一种非常简便的方法。

每个季度，这家公司都会在总部所在地举行一次午餐会。总部位于加利福尼亚州的蒙顿维尔。在这里，每次摆上5张餐桌，请来两个相关部门的要员共享丰盛的午餐。

当然，用餐并不是目的，目的在于让他们找出解决问题的办法，席间，都要提出一些有待解决的特定问题。针对某一特定问题，每位用餐者都要想出自己的解决办法，向大家陈述之后，用餐者就进行评价，直到找出最佳的解决办法。

6."转悠"管理沟通法

"转悠"管理也称漫游管理或巡回管理，是一些成功企业常采用的管理方法之一。所谓"转悠"，就是领导人员到基层去巡视，并在巡视中发现问题，解决问题。

企业界人士都十分重视"转悠"管理，坐在办公室听汇报、打电话、发布文件的企业领导人越来越少。他们把"走出办公室"作为自己的信条，不仅以身作则，常年在外巡视，而且严格要求手下的小头头们也"走出办公室"，到基层去办公。

阿尔科公司的总裁鲍勃·安德森"转悠"成瘾。他一边"转悠"，一边还要检查手下人是否也在"转悠"。当他"转悠"到某地，向某一个部门打电话时，恰好部门的头头接了电话，他马上就来了气，对这位不下去"转悠"的小头头感到失望。

有的公司还对分部经理提出许多"转悠"的具体要求，比如"转悠"的次数、对手下人员了解的程度等。

惠普公司创造了一种独特的"周游式管理法"，鼓励领导人深入基层，直接接触广大职工，为实现此目的，惠普的办公室布局采用少见的"敞开式"大房间，即全体人员都在一间敞厅中办公。各部门之间只有矮屏分隔，除少量会议室、会客室外，无论哪一级领导都不设单独的办公室。同时不称职衔,即使对董事长也直呼其名。这样有利于上下左右通气,创造无拘束和合作的气氛。

有效沟通的艺术

组织内部沟通使得高层管理人员切实了解实情,切实发现各种问题和听取意见,切实采取有效措施,并更加密切上下级关系,因而能够保证企业不偏离"航线",保证企业目标的实现。

企业外部沟通

领导工作与一般工作相比,更是一种亲自实践的艺术。"深入基层,到处走走"就是实践与艺术的凝聚体。一个有效沟通的领导者在"深入基层,到处走走"中有许许多多的事情要做,但首要的是做好三件大事:倾听、教育、促进。

1. 倾听

"倾听"是接触的基本要素,目的是从供应商、顾客、企业职工那里获得第一手的未被歪曲的真实情况。倾听意见最好到对方那里去,领导深入基层就是为了倾听。然而,即使到了基层,如何听取意见仍然有许多讲究。

把职工召集到一起,用正式会议的形式请他们提出问题或意见,由你作出回答。美国丹纳公司负责人雷恩·麦克费森就常常这样做。他时常召集1 500多名员工在一个大厅开会,到会者都可以自由提问,每个人都可以亲自衡量一下"头头"的态度:他是不是在想哄骗我们?是不是对我们讲真话?

临时召开小型会议。即开会前一分钟才决定有些什么人出席会议。因为精心组织和预先选出的一组职工代表可能会使你只能听到他们的直接上司认为你喜欢听的话。

和职工坐在同一张桌子上。当今国外许多大公司的总裁、经理都养成了在职工餐厅吃午饭或晚饭的习惯。领导者在职工餐厅里和职工一起就餐,谈话以聊天的方式进行,无拘无束。他们谈些什么事情呢?可能海阔天空、漫无边际地无所不聊；也可能什么事情都没谈，但领导坐在职工餐厅本身就表明了他希望倾听群众呼声，同群众保持接触，他要让每一个职工明白自己是这个整体的一员。以餐桌作为每日交换意见的场所，气氛是生动、坦率和实事求是的。

深入到各基层单位，并设法同销售及维修服务员一起去访问顾客。这样的访问非常有效果，一方面，会让一线员工感受到管理层对一线工作的关注和尊重，他们会乐于和管理层沟通自己对工作的看法和建议；另一方面，也会让顾客感受到公司对销售和维修工作的重视，从而树立起对公司产品和服务的信赖。

2. 教育

教育是"深入基层，到处走走"的第二号目标，与"倾听"同等重要。当你深入基层时，你提问的方式以及其中的点滴变化都会受到人们的注意，并被分析、解释，这是毫无疑问的。你所做的每一件事——你的服装、你会见下属的先后顺序、你在提问时强调的重点以及没有强调的地方，等等，都会引起无穷无尽的猜测和议论。处在这种地位上的你只有两种选择：要么听其自然，不予理睬；要么有意识地寻找机会因势利导。而后一种态度才是可取的。

通过这种方式，你可以教给人们你所想教的道理，宣传你的价值观念。因为教育绝不意味着要直截了当地、严肃地告诉大家应该做什么，不应该做什么。在"深入基层，到处走走"的过程中，你的信息常常可以通过各种非正式的方式传达给大家，所以你必须对你的言谈举止全面负责，万不可游戏玩笑。

3. 促进

"深入基层，到处走走"的第三个主要作用正是使领导者成为公仆与促进派，保护人们免受官僚主义之害。当你在下面关心地问大家遇到什么问题时,你会发现这些问题很少是大困难,通常只是一些小麻烦。如某个开发小组需要一台计算机,但是必须通过全部基建投资预算审批手续才能获准购买,而你在48小时以内就可以使他们得到。至于某个开发组需250平方米的工作场地制造样机,或某个推销部门需要增拨1 000元的交通费,等等,你都完全可以当场拍板解决。这对基层各部门工作的顺利展开无疑是有益的。

"深入基层,到处走走",不是一件容易的事,因为这里面至少有上千种因素在起作用。"深入基层"会暴露自己,你倾听意见的能力、你的眼界和抱负、你是否诚实或正直以及你是否表里如一、前后一贯,你完全暴露在大家面前,经受那些最严格、最挑剔的员工的检验。

有效沟通的艺术

"深入基层,到处走走",倾听、教育、促进这三方面的作用往往是同时发挥的,即使你只是顺路到一个小组,一个科室或其他什么地方去走20分钟,也能达到这个目的。

下篇　沟通实战

有效沟通与团队建设

团队在组织中的地位与作用是组织理论中十分重要的组成部分,并在近年来的研究中得到更多的重视。团队由少数的人组成,这些人具有相互补充的技能,为达到共同的目的和绩效目标,他们使用同样的方法,他们相互之间承担责任。

根据团队的存在目的,可以对团队进行分类。在组织中,有三种类型的团队比较常见:问题解决型团队、自我管理型团队和多功能型团队。

1. 问题解决型团队

20世纪团队工作方式刚刚盛行时,大多数团队的形式很相似。这些团体一般由来自同一个部门的5~12个工人组成,他们每周用几个小时的时间碰碰头,讨论如何提高产品质量、生产效率和改善工作环境。我们把这种团队称为问题解决型团队。

在问题解决型团队里,成员就如何调整工作程序和工作方法互相交换看法或提供建议,但是,这些团队几乎没有权力根据这些建议单方面采取行动。

20世纪80年代,应用最广泛的一种问题解决型团队是"质量圈"。这种工作团队由职责范围部分重叠的员工及主管人员组成,人数一般为8~10人,他们定期相聚,来讨论他们面临的质量问题,调查问题的原因,提出解决问题的建议,并采取有效的行动。

2. 自我管理型团队

问题解决型团队的做法行之有效,但在调动员工参与决策过程的积极性方面尚嫌不足。这种欠缺导致现代企业努力建立新型团队，这种新型团队是真正独立自主的团队，它们不仅注意问题的解决，而且执行解决问题的方案，并对工作结果承担全部责任。

自我管理型团队通常由10～15人组成，他们承担着以前自己的上司所承担的一些责任。一般来说，他们的责任范围包括控制工作节奏、决定工作任务的分配、安排工间休息。彻底的自我管理型团队甚至可以挑选自己的成员。通过让成员相互进行绩效评估，主管人员的重要性就下降了，甚至可以被取消。

在实施这种管理方式的工厂里，整个工厂是由瞬息万变的自我管理型团队经营的。它们制定自己的工作日程表，自己轮换工作，设置生产目标，建立与能力相关的薪资标准，解雇同事，聘用员工。工厂总经理说："不到它们画龙点睛式上班的时间，我从来不会见到一个新员工。"

施乐公司、通用汽车公司、百事可乐公司、惠普公司是推行自我管理型工作团队的几个典型代表。

但是不可否认的是，有些采用了自我管理型团队的组织结果也会令人失望。例如，麦道航空公司的员工在面临大规模的解雇形势时，就曾集合起来反对公司采用自我管理型团队形式。对自我管理型工作团队效果的总体研究表明，实行这种团队形式并不一定带来积极效果。比如，在自我管理型团队中，员工的满意度的确有所提高，但是，与传统的工作组织形式相比，自我管理型团队成员的缺勤率和流动率偏高。

3. 多功能型团队

多功能型团队是由来自同一等级、不同工作领域的员工组成，他们来到一起的目的是完成一项任务。

许多组织采用这种跨越横向部门界线的形式已有多年。例如，在20世纪60年代，IBM公司为了开发卓有成效的360系统，组织了一个大型的任务攻坚队，攻坚队成员来自于公司的多个部门。任务攻坚队其实就是一个临时性的多功能团队。同样由来自多个部门的员工组成的委员会是多功能团队的另一个例子。

但多功能团队的兴盛是在20世纪80年代，当时，所有主要的汽车制造公司——包括丰田、尼桑、本田、宝马、通用汽车、福特、克莱斯勒都采用了多功能团队来协调完成复杂的项目。

总之，多功能团队是一种有效的方法，它能使组织内甚至组织之间不同领域的员工之间交换信息，激发新的观点，解决面临的问题，协调复杂的项目。当然，多功能团队的管理不是管理野餐会，在其形成的早期阶段往往要消耗大量的时间，因为团队成员需要学会处理复杂多样的工作任务。在成员之间，尤其是在那些背景不同、经历和观点不同的成员之间，建立信任并能真正地合作也需要一定时间。

最好的工作团队规模一般比较小，如果团队成员多于12人，他们就很难顺利开展工作。他们在相互交流时会遇到许多障碍，也很难在讨论问题时达成一致。一般来说，如果团队成员很多，就难以形成凝聚力、忠诚感和相互信赖感，而这些却是高绩效团队所不可缺少的。所以，管理人员要塑造富有成效的团队，就应该把团队成员人数控制在12人之内。如果一个自然工作单位本身较大，而你又希望达到团队的效果，那么，可以考虑把工作群体分化成几个小的工作团队。

高绩效团队还需要领导和结构来指明方向和焦点。例如，确定一种大家认同的方式，就能保证在达到目标的手段、方向上团结一致。

在团队中，对于谁做什么和保证所有的成员承担相同的工作负荷问题，团队成员必须取得一致意见。另外，团队需要决定的问题有：如何安排工作日程，需要开发什么技能，如何解决冲突，如何作出决策和修改决策，决定成员具体的工作任务内容，并使工作任务适应团队成员个人的技能水平。所有这些，都需要团队的领导和团队结构发挥作用。有时，这些事情可以由管理人员直接来做，也可以由团队成员通过扮演探索者、推动者、总结者、联络者等角色自己来做。

4.建立具体目标

成功的团队会把他们的共同目的转变为具体的、可以衡量的、现实可行的绩效目标。目标会使个体提高绩效水平，目标也能使群体充满活力。具体的目标可以促进明确的沟通，它们有助于团队把自己的精力放在达成有效的结果上。

5.适当的绩效评估与奖酬体系

怎样才能使团队成员在集体和个人两个层次上都具有责任心呢？传统的以个人导向为基础的评估与奖酬体系必须进行变革，才能充分地衡量团队绩效。

个人绩效评估、固定的小时工资、个人激励等与高绩效团队的开发是不一致的，因此，除了要根据个体的贡献进行评估和奖励之外，管理人员还应该考虑以群体为基础进行绩效评估、利润分享、小群体激励及其他方面的变革，以此来强化团队的奋进精神和承诺。

有效沟通的艺术

团队精神不是孤立的，要建立精英团队，首先，确定团队的精神或是执行的信仰，确定执行的核心理念；其次，通过它来吸引志同道合的合作者；最后，这种价值观，或是体现在执行的制度上，或是体现在执行的领导者身上，许多企业采取后一种方式。

下篇　沟通实战

创造有效沟通的机会和氛围

丹佛大学斯蒂芬·鄂斯克勒作了一项研究,他所研究的46家公司之所以面对互联网带来的商机行动迟缓,最主要的两个原因就是沟通的贫乏和行政上的混乱。

如何能让员工愿意同你交谈?怎样把你的公司变成一架精干、平衡和适应性强的机器?如果你同人力资源专家和人际沟通专家讨论这个问题,就能总结出以下3个提高沟通水准的必要条件:使沟通成为你公司里的优先事项,并且让每个员工都知道你重视沟通;为员工提供同管理层交谈的机会;建立信任的氛围。没有了信任,员工很可能不愿意同他人分享自己的想法和意见。在如今精简、重组、合并和收购成为主流的时代,员工们常常害怕说出他们的想法。

1. 使沟通成为优先事项

在你的组织里,如何能有效鼓励双向沟通?很简单,向他们表明,你重视他们的意见。

你需要向员工传递的最重要的信息就是,对任何问题的解决办法,绝不会是单向的信息沟通,而一直都是交互式的,让所有人都参与讨论。换句话说,你必须确保员工知道你愿意倾听他们的意见。

鼓励员工向上级的沟通,其关键之一是清楚地表达出你希望这种沟通,鼓励这种沟通。在这种沟通出现时,你会重视它,并给予回报。在明尼苏达矿业公司,明确期望员工进行跨组织结构的沟通,新的观点总是受到鼓励,这都是努力在公司内保持创新精神的措施的一部分。

重视沟通常常需要不同部门的经理采取协作和团队的行动，例如，负责人力资源和内部沟通的部门就需要统一步调。Unisys电子计算机公司人力资源部门的负责人是沟通的积极支持者，而且作出了切实的努力，例如，同参加沟通的人们密切协作，以提高内部沟通水平。由人力资源部门的负责人、公司总经理和参加沟通的员工联合组成的阵营，向员工们充分显示公司对员工沟通的重视。

2.尽力扩充有效沟通渠道

为了有效激励员工参与沟通活动，你需要各种不同的正式和非正式的沟通渠道。正式渠道可能包括提出建议的流程、企业内部的网上论坛或者反馈表格等；非正式渠道可能包括部分职员的开会和其他类型的面对面交谈。员工们必须了解正式和非正式的所有沟通渠道。

3M公司的董事会主席兼行政总裁L·D·迪西曼定时在明尼苏达的圣保罗召开会议，这不仅提供了交谈的机会，而且更重要的是提供了聆听的好机会。他安排会议中大多数的时间用来听取员工的意见、了解员工的思想。在每次会议开始时，他总是简明扼要地说明本次会议是"为员工介绍他们可能感兴趣的业务或话题的最新进展情况"。

随后，会议展开，议程主要由员工的提问和管理层的回答构成，讨论主题并非事先设定的，也没有什么规定来限制问题的范围。

然而，员工通常不愿意直接说出他们的想法。即使在最为开放的企业文化中，总有些员工有了好主意，却由于某种原因难以公开表达出来。在这种情况下，这些员工就可以考虑使用允许他们保持匿名的意见反馈系统，使用可靠的意见箱是另一个选择。而且，现代技术（网络和电子化的沟通手段）为此提供了更多的表达途径。

3.建立信任氛围

组织对员工意见的处理方式，也直接影响今后能够收到什么类型的

下篇　沟通实战

反馈信息。如果员工都知道，即使最尖刻的评论也能得到积极、诚实的回应，不会有任何记恨，在员工的心中就会产生信任感。但如果出现相反的情况：如果他们的反馈被忽视，或组织的对策只是做做表面文章，或员工因为说出了自己的看法遭到报复，他们就不再敢于诚实地反馈信息。

Unisys的行政总裁Weinbach正是促使该公司企业文化逐步变得充满信任氛围的幕后推动力量。Weinbach在就任第二天通过电视向全体员工发表讲话："嘿，写信给我，我会回答。我想知道你们都在想些什么。"从此开始了改变氛围的计划。Weinbach亲自阅读并坦诚回复每一封收到的电子邮件的消息传开后，他继续收到的反馈信息数量呈指数级增长，几个月内就收到4 000多封电子邮件。

促使员工参与或者鼓励员工反馈的唯一途径就是建立信任的氛围，这样人们才知道自己可以自由地发表意见，而不必担心组织的报复。建立信任需要较长的时间。

Peggy Walkush是高科技公司SAIC（互联网内容服务商）负责同持股员工之间关系的董事。她始终坚持直接、诚实的双向沟通和对员工反馈信息的开放式回应："我们发现持股雇员提出了无数问题，他们是在挑战你的能力。你只能为此做好准备，并且要耐心和乐于回答。"但是Walkush同时认为，建立信任的氛围并不等于允许无理取闹或提出不当的要求。她说："你必须明白底线在哪里。我们会说：'这是我们给你的关于股票价格的信息；你无权查看董事会的决议；那些是你选出来的董事会成员的工作。'你必须十分清楚同员工沟通的界限在哪里，哪些事情他们有权过问，哪些无权知晓。"

在伊士曼·柯达公司，主管员工沟通的董事Dotty Luebke为信任这一概念增加了新的内容。Luebke常常在重要的沟通活动之前、期间及之后，选择部分员工提供反馈意见。她谈到，在其他组织工作的同僚常常十分惊讶，因为柯达员工常常在公司的重大决定正式宣布之前就已经知道了确切消息，并且还被要求提供反馈信息。即使如此，Luebke在这些沟通中还从未遇到过员工破坏信任、泄露机密的情况。她指出："你应该信任你的员工，与你一同工作的人们，同样希望公司能够成功。"

怎样才能了解增加沟通的努力是否有效？有趣的答案是：如果员工们不那么频繁地同你沟通，就是一种好迹象。当初Perkins就是这样告诉3M的一位经常同员工进行正式和非正式沟通的高级经理的。这位高级经理最近表示："我打算继续同这些人会晤，直到他们不再有问题可以提出为止。"

有效沟通的艺术

有效的言语沟通绝对不是以大欺小，而是少数服从多数，多数尊重少数。有效的言语沟通是"平等的讨论"，是让对方即使输了，也要输得心服口服。

第十二章
上行沟通，成为领导眼中的好员工

上行沟通即下属和领导的沟通。下属与领导之间若缺乏沟通，结果双方只会越来越不信任。不妨多用电话与领导联络，既可保持距离，减少火药味，又可拉近合作的关系。谨记"我应做些什么？有些什么要做？"如果你能够持续令工作顺利、情绪稳定，那么除了领导，还有更高层的人士会晓得你的工作能力。

主动接近领导,替领导分忧解难

身在职场,为老板打工,看老板脸色,害怕老板是一种通病。很多经理人在这种心理作祟下,觉得和老板太近,只会加重焦虑和压抑的情绪,很怕与老板多接触,除了工作上的事,尽量躲避老板,不想让老板知道得太多管得太多,表面上保持着一种心理上的平衡。还有的人觉得,自己和领导走得过近,容易让其他人心生疑心,以为自己与老板一定有什么联系,或者是内心有什么企图在向老板套近乎,因此,为了避免让同事们说"闲话",一些人选择了躲避老板。

其实这是一种误区。你采取躲避老板的做法似乎逃过了同事们的议论,但是却引起了老板的注意。老板会以为你对他有什么看法而对你产生看法,或者以为你心里有什么话想说或犯了错误而逃避,总之,你躲避领导的做法是不礼貌的,更是对领导的不尊重。怕见领导的心态表明你对自己和工作不自信,而对于领导来说,他会觉得你心还没有归属,很多重要的工作还不敢放心让你干,不敢委以重任。

领导需要了解下属,下属也需要了解领导,这是正常的人际交往。因此,不必因担心别人的议论而故意躲避领导。你若希望领导赏识你,看得起你,首先要让领导发现你。

与领导和睦相处,可以主动找机会与领导交往。生活中,害怕淘汰而不断学习已是潮流和共识,有机会向身边的人学习,当然不该舍近求远。而在职场中,老板是强者,也是一个很好的学习榜样,和老板多接触,有机会向一个成功者学习,何乐而不为?因此,你没有理由躲避。既然拥有接触老板的机会，只要是合情理的，就要好好珍惜。

成功的秘诀之一是：与成功人士站在一起。身在职场，最成功的人士莫过于你的上司。所以，为了自己的进步和提高，你没有理由躲避领导。躲避领导，是一种对自己不信任的心态，更是对领导不尊重的表现。你有意无意地躲着领导，会让领导觉得你难以沟通，甚至不能信任。或许你不太擅长跟上级打交道，见了领导不知道如何表现，但你的躲避行为会给领导造成误解，也会让你失掉很多机会。

要想得到上司的青睐，第一步就是让上司注意你。成功吸引上司注意力的一个重要方式是帮助上司解决难题。

主动接近领导，替领导分忧解难的下属大多会赢得领导的赏识。所以，与领导相处，你可以用以下方法接近领导。

1.让上司看到你的表现

定期将自己的工作进度及所完成的任务上报公司，让上司看到并肯定你的存在及贡献。提早完成交付的工作，尽量完成上司交给你的工作。

要求更多的工作与授权。让老板感受你对自己的期望与进取精神，这是他们考虑提拔的重要指标。

借机表现你的领导能力。当有新员工进来时，可自告奋勇地"带"他，以此来表现你的热忱及领导能力。

开拓自己在公司内外的人际关系。通过公司内外的人际网络，不仅可以得到最新的信息，也能在换工作、升职位时获得较多的机会。

2.向上司提出你的新看法

胆大，勇于冒险。向上司提出你的新看法，乐于接受新任务、新挑战，让他们看出你是可造之才。

3.提高积极性，热心参加公司活动

借着公司大小活动加深上级主管对你的印象，也可多与其他部门主管及人员交流。向表现优异的同事学习。仔细观察办公室其他表现优异的同事，学习他们身上具有的你所不足的部分。

4. 提升自己的专业能力

加强自己的业务能力。学习外语与电脑，选修管理、财会及对未来升级有益的课程。

规划好自己的事业。妥善规划自己的事业发展方向与步骤，记住：这是你自己的事业，得自己掌握。

有效沟通的艺术

与上司相处，就要吸引上司的注意，而不是躲避上司的目光。

不跟领导争论,不计较个人得失

与领导相处,应该明白的道理是:事情本身的是是非非并不重要,重要的是所要达到的目的。顾客和售货员为谁应负责任争得脸红脖子粗,走了冤枉路的乘客和司机为谁没说清楚而大动干戈,事情越闹越大,该退的货没退成,该节约的时间没节约,双方都憋了一肚子的气。何苦呢?有人说,我就要争这个理儿。是,争下一个"理",的确有一种胜利的感觉。但你想没想到过这个理的代价呢?反而是不争辩,放弃无谓的辩解,有时才能带给你意想不到的结果。

无休止的抱怨每天充斥着领导的耳朵,结果却收效甚微。要知道,这些牢骚和抱怨并不能获得别人的同情和领导的理解,只能给领导造成压力。如果你喋喋不休地在领导面前诉苦,抱怨自己的付出与收获多么"不成比例",那么你的这些抱怨就会超过领导的心理承受力,让领导感觉更加压抑和烦躁。

在领导面前计较个人得失,不停抱怨谁干得多了谁干得少了,只会显得自己小肚鸡肠,心胸狭窄,也容易给领导留下不能担当重任的不好印象。

有一位刚毕业的大学生被分配到一所高校。一天,他请个事假,那个月发工资的时候被扣了50元。他非常愤愤不平,明明有的讲师上课迟到、早退都没事。他只不过请了假就被扣了50元。下一个月发工资的时候要到了,那天他走进了校长的办公室,拿一个本子,往桌上一扔说:"校长你看。"校长拿那本子一翻,上面写着:某某人,早上三节课后,早退了。

某某领导，开会后，没回来……

校长说："哦，原来有这事，那我们一定查清楚，给大家一个公道。"那位小伙子觉得终于出了一口气。可是后来，奇怪的事发生了，再也没人和他讲话了，大家都避着他。1年后他觉得实在待不下去了，调走了。

真正成熟的职场人是不会在领导面前计较个人得失的，他们有着成熟的心理，懂得调整心态来应对各种情况的出现，并把这种情况控制在别人心理可以承受的范围之内。

如果你是个职场新人，面对这些不公平的待遇，你完全可以调整心态，从另一个角度去看待它。比如，这些本来不属于你的职责范围内的事情却交给你做，正是领导对你考核期的考验，看看你能否承担起繁重的工作压力，看看你能否胜任这份工作，在面对工作量大的情况下你是以什么心态来面对的，等等。因此，当领导安排给你"份外"的事情时，你不必表现出不情愿的姿态，可以把它看作是提高和锻炼自己能力的机会，你的付出和劳动，领导是看在眼里的，你的回报也可能通过另一种方式获得。在领导面前计较个人得失，是心智不成熟的表现，任何一个领导都不喜欢心胸狭窄、牢骚满腹的下属。

在工作中，个人的得失是小的方面，顾全大局的心理才是最可取的。在上级面前，你的不计较个人得失的大度会让上级刮目相看。

上级对自己的事业和前途有着很大的影响，这种影响有时甚至是起决定性作用的。单从这一点考虑，在上级面前就没有必要非得计较个人的得失。另外，你不计较个人得失的心理，会让你在工作中赢得更多的主动和尊重，这也体现了你良好的修养和品格。这种大度的心理会为你赢得更多的机会。舍小得大，这才是我们应该争取的。

主动言和是运用智慧寻找冲突的最佳解决方案，使问题最终得以处理。在处理冲突的问题上应该冷静，绝不能像个孩子一样在冲突中放任自己，要运用自己的智慧和团队精神与上级及同事尽量合作，让他们发现你其实是个理想的合作伙伴，这样做的同时也给自己创造了一个良好的工作空间。

下面这个小故事相信会给你一定的启发。

"您好，"小李对老总说："昨天我交给您的文件签了吗？"

老板转了转眼睛想了想，然后翻箱倒柜地在办公室里折腾了一番，最后他耸了耸肩，摊开两手无奈地说："对不起，我从未见过你的文件。"

如果是刚从学校毕业时的小李，会义正辞严地说："我看着您的秘书将文件摆在桌子上，您可能将它卷进废纸篓了！"可他现在不会这样说。他要的是老总的签字。于是他平静地说："那好吧，我回去找找那份文件。"

于是，小李下楼回到自己办公室，把电脑中的文件重新调出再次打印，当他再把文件放到老总面前时，老总连看都没看就签了字。这就是小李在与上级发生冲突时的解决方式。

在生活与工作中，人们不可能具有同样的想法。在推广新战略，引入新方法、新技术的工作空间中，种种不一致演变为激烈的辩论或冲突是在所难免的，我们不可能"天天碰到笑脸"，故而也不可能"天天都是好心情"。

在日常工作中，我们经常面对意见分歧，经常遇到与自己想法不同的人。怀有分歧、心存反对的人无非就是在方向选择和对利益的认识上有所不同。尽管分歧乃至对立会使人们的关系变得紧张，但黄金准则在这时能帮上忙。那就是，你希望别人如何对待一个持不同意见的你，你就应该如何去对待那些持不同意见的别人。

同理，当你不同意他人的观点和看法时，或面对那些与你存在分歧甚至对立的人时，站起来与他针锋相对地争论一番并非上策。在日常生活中，我们经常看到，即使是那些无关痛痒的事，如果较起真儿来，也会导致针锋相对的激烈场面。在争论中每一方都试图压倒对方，但这并不解决任何问题，相反却会伤了彼此的和气，严重的还会破坏彼此的关系。

当我们面对与自己意见相左的人时，一种自然的心理反应就是，试图通过争论赢过对方。之所以会有这种反应，是因为面对这种不同意见，自己感觉受到了一种威胁与伤害，自尊乃至尊严也被冒犯。我们会变得激动、声高、言辞偏激、好斗、尖刻。如果将这种情绪化的反应扔给对方且对方也一报还一报，一场"恶战"不可避免。如果你不愿看到这种火药味十足的激烈场面，那么还是不要挑起异常争论为好。

与和自己意见不一致的人针锋相对地争论一番，使对方就范，接受自己的看法，这并非是一种明智的选择。人活在社会上，必须考虑自己的行为会带给社会什么影响。如果一个人想成为绝对的胜利者，而一味地提出自己的要求，则对方的态度必然变得十分激烈，而且所谓"自己的要求"只不过是单方面对解决问题的意见而已，在其他方面应该还有一些更好的答案。一味意气用事、不能把握交涉原则的人，当然也不可能获得任何双赢的结果。

有效沟通的艺术

你的付出与收获，领导心中自有公平秤，你在此处付出的多一些，必定在彼处赢得更多。

坦诚接受批评，服从领导安排

在工作中，有的人充满信心，有的人谨小慎微。但不管怎样，突然受到来自上级的批评或训斥，都会造成很大的影响。如果你也正巧处在挨批的行列，首先应该端正态度，不要对领导的批评表现出"不服气"，你"不服"的倔强改变不了任何局面。

受到上级批评时，反复纠缠、争辩，希望弄个一清二楚，这是很没有必要的。确有冤情，确有误解怎么办？可找一两次机会表白一下，点到为止。即使领导没有为你"平反昭雪"，也完全用不着纠缠不休。这种斤斤计较型的部下，是很让领导头疼的。如果你的目的仅仅是为了不受批评，当然可以"寸土必争""寸理不让"。可是，一个把领导搞得筋疲力尽的人，又何谈晋升呢？

受批评甚至受训斥与受到某种正式的处分，惩罚力度是很不相同的。在正式的处分中，你的某种权利在一定程度上会受到限制或剥夺。如果你是冤枉的，当然应认真地申辩或申诉，直到搞清楚为止，从而保护自己的正当权益。但是受批评或训斥则不同，即使是受到错误的批评或训斥，使你在情感上、自尊心上，在周围人们心目中受到一定影响，但你处理得好，不仅会得到补偿，甚至会收到更有利的效果。相反，过于追求弄清是非曲直，反而会使人们感到你心胸狭窄，经不起任何误解，人们对你只能戒备三分了。

没有人会无缘无故发脾气、批评别人，领导之所以批评你，自然是你犯了某种错误。而要处理得好，你就要坦诚接受领导的批评。

1. 搞清楚领导批评你什么

领导批评或训斥部下,有时是发现了问题,为了促进纠正;有时是出于调整关系的需要,告诉被批评者不要太自以为是,别把事情看得太简单;有时是与部下保持或拉开一定的距离,突出自己的威信和尊严;有时是为了"杀一儆百",不该受批评的人受了批评,代人受过;等等。总之,搞清楚了领导批评你的原因,你便能把握情况,从容应对。

2. 虚心接受领导的批评

受到领导的批评时,最需要表现出诚恳的态度,显示出你从批评中确实学到了什么,明白了什么道理。正确的批评有助于你明白事理,改过自新,并以此为戒;即使是错误的批评也有可接受的出发点,因此,批评的对与错本身并无太大的关系,关键是对你的影响如何。你处理得好,会成为有利的因素,会成为你前进的动力,如果你不服气、发牢骚,那么你的这种态度很有可能引发负面效应,使你和领导的感情拉大距离。当领导认为你"批评不起""批评不得"时,也就产生了"用不起""提拔不得"的反感情绪。所以,正确看待领导的批评,受到批评不是坏事,通过受批评的过程,你才能更了解领导,接受批评则能体现你对领导的尊重,而这正可以作为和领导拉近距离的途径。

3. 不能对领导的批评满不在乎

最让上级恼火的,就是他的话被你当成了"耳旁风"。很少有领导把批评、责训别人当成自己的嗜好。既然批评,尤其是训斥容易伤和气,因而他也是要谨慎行事的。而一旦批评了别人,就又产生了一个权威、尊严问题。而如果你对批评置若罔闻,我行我素,这种效果也许比当面顶撞更糟。因为,你的眼里没有领导。

4. 不要把批评看得过重

不要因为领导的一次批评就觉得自己一切都完了,从此一蹶不振,这样会让领导看不起你。如果你把每次的批评都看得太重，甚至耿耿于怀，总是不服气地在心里较劲，那么以后领导可能再不会批评你什么了，因为他不会再信任和重用你了。

有效沟通的艺术

一个成熟的职场人士，对老板的旨意理解的要执行，不理解的就在执行中理解，而且在工作中不仅要处处听从领导的指挥，接受领导的批评，还要不露声色地维护老板的威严。

给领导提建议，以迂为直巧说服

无论是谁，遭到别人直言不讳的反对，特别是受到激烈言辞的迎头痛击时，都会产生敌意，导致不快、反感、厌恶乃至愤怒和仇恨。自然，对于许多领导来说，由于历事颇多，久经世故，是能够临危而不乱、沉得住气的，不会立即作出过激的反应。而且，许多领导还是有一定心胸的，不会偏狭地受情绪左右，意气用事。但是，其心中的不快却是不能自控的，而且由于领导处于指挥全局的岗位上，又加上了权力的因素，是很难不出现愤怒情绪的。下属的直言不讳，往往会使领导觉得脸上无光，威名扫地，而领导的身份又决定了他非常需要这些东西。

迟枳是一家报纸的总编，在报社辛苦工作了4年之后竟然被免职了。这是什么原因呢？一次，一位领导说："你们报纸可以在头版刊登故宫的照片，宣传中国文化。"迟枳不假思索地说："刊登故宫的照片是知识，不是新闻。如果故宫游客突破多少人数或正在修缮，这是新闻，可以刊登。如果只是把一张故宫的照片登在报纸上，不符合新闻的规律。"这位领导一听就急了，当时还有许多其他编辑在场。可想而知，等待迟枳的结果将是什么。后来，领导找了个借口将迟枳给免职了。

迟枳被免职就是因为说话太直得罪了领导。无论是在官场上还是职场上，由于说话过于直率，容易得罪领导、同事，这无意中是为自己的晋升设置障碍。有时即使自己吃了亏，还不知道是怎么回事。

过于直接的批评方式，会使领导自尊心受损，大跌脸面。因为这种方式使得问题与问题、人与人面对面地站到一起，除了正视彼此以外，已没

下篇　沟通实战

有任何的回旋余地，而且，这种方式最容易形成心理上的不安全感和对立情绪。你的反对性意见犹如兵临城下，直指上级的观点或方案，怎会不使领导感到难堪呢？特别是在众人面前，领导面对这种已形成挑战之势的意见，已是别无选择，他只有痛击你，把你打败，才能维护自己的尊严与权威，而问题的合理与否，早就被抛至九霄云外了，谁还有时间去追究、探索其中的道理呢？

事实上，通过间接的途径表达自己的意见反而更容易被人接受，这大概就是古人以迂为直的奥妙之所在吧！间接的方法很容易使你摆脱其中的各种利害关系，淡化矛盾并转移争论焦点，从而减少领导对你的敌意。在心绪正常的情况下，理智占了上风，他自然会认真考虑你的意见，不至于先入为主地将你的意见一棒子打死。

比如下面这个小故事：有一次，单位的领导与同志们一起出去旅游、参观。在一个文物展览会上，领导发现一些文物有了毁坏和破损，就询问解说员。解说员解释说，这是由于文物保护部门缺乏足够的经费，不能够使文物保存在一种恒温状况下所致。如果有一定的制冷设备，如空调，这些文物可能会保存得更加完善。领导听后，不禁有些感慨。此时，站在一旁的机房负责人老王乘机对领导低语："刘局长，机房里装空调也是这个道理呀！"刘局长看了他一眼，沉思片刻，然后说："回去再打个报告上来。"后来，这位领导果真批准了机房的要求，为他们装上了空调。

从这个例子可以看出，正是由于老王能够不失时机地将眼前的景象同自己所要提出的建议联系起来，使领导产生由此及彼的类比和联想，从而很好地启发了领导，使他能够接受老王的意见，使问题得以解决。在平常生活中的寥寥数语竟胜过郑重其事的据理力争，这不能不引起下属的深思，更值得加以借鉴。

提建议时，多注意从正面有理有据地阐述你的见解。有民主要求，还要有民主素质,要懂得尊重他人意见,尊重领导意见。这样,领导才会承认你的才干。

对领导个人的工作提建议时,尽可能谨慎一些,必须仔细研究领导的特点,研究他喜欢用什么方式接受下属的意见。大大咧咧的领导可用玩笑建议法,严肃的领导可用书面建议法,自尊心强的领导可用个别建议法,喜赞扬的领导可用寓建议于褒奖之中法,等等。

有效沟通的艺术

直接表达反对性意见会激起领导的不良情绪,挫伤领导的自尊和脸面,造成不必要的冲突和摩擦;而间接性的手段则会为领导接受你的意见提供一个平和的环境。迂回地表达反对性意见,可避免直接的冲撞,减少摩擦,使领导更愿意考虑你的观点,而不被情绪所左右。

尊重和维护,做受领导欢迎的人

上下级的交往和相处是社交中很重要的一部分。作为下级,不仅要服从上级的管理和调遣,还要注意学会与上级融洽相处。

1. 精明强干,才会得到领导的器重

领导一般都很赏识聪明、机灵、有头脑、有创造性的下属,这样的人往往能出色地完成任务。有能力做好本职工作是使领导满意的前提。一旦被人认为是无能无识之辈,既愚蠢又懒惰,便很危险了。

2. 向领导请教,才意味着"孺子可教"

在与领导的相处中,谦逊还是相当重要的。谦逊意味着你有自知之明,懂得尊重他人,有向领导请教学习的意向;意味着"孺子可教"。谦逊可让你得到更多人的支持,帮助你更好地成就事业。

3. 关键时刻,要为领导挺身而出

在关键时刻,领导才会真切地认识与了解下属。人生难得有此机遇,不要错过表现自己的极好机会。当某项工作陷入困境之时,你若能大显身手,定会让领导格外器重你。当领导本人在思想、感情或生活上出现矛盾时,你若能妙语劝慰,也会令其格外感激。此时,切忌变成一块木头,呆头呆脑、冷漠无能、畏首畏尾、胆怯懦弱。这样,领导便会认为你是一个无知无识、无情无能的平庸之辈。

4. 在领导面前不要计较个人得失

大多数领导也比较注重考虑下属的利益要求,但是若过于注意金钱物质利益之争,也并非对你有利。如果你喋喋不休地向领导提出物质利益要求，超过了他的心理承受能力，在感情上，他会觉得压抑、烦躁。如果"利益"是你"争"来的，领导虽作了付出，但并不愉快，心理上会认为你是个"格调"较低的人，觉得你很愚蠢。

最好的办法是让领导主动地给，而不是你去"争"。把你的工作干得漂亮一些，尽最大能力满足他的要求，并且有些特色，有所创造。明白的领导会量力而行，自然会用物质利益奖励你的，无需你去"争"。

5.与领导交谈时，不可锋芒毕露

君子藏器于身，待时而动。你的聪明才智需要得到领导的赏识，但在他面前故意显示自己，则不免有做作之嫌。领导会因此而认为你是一个自大狂，恃才傲物，盛气凌人，且在心理上觉得难以与你相处，彼此间缺乏一种默契。与领导相交，可寻找自然、活泼的话题，令他充分地发表意见，你适当地作些补充，提一些问题。这样，他便知道他是有知识、有见解的，自然而然地认识了你的能力和价值。不要用领导不懂的技术性较强的术语与之交谈。这样，他会觉得你是故意难为他；也可能觉得你的才干对他的职务将构成威胁，并产生戒备，而有意压制你；还可能把你看成书呆子，缺乏实际经验而不信任你。

6.体会领导处境，理解领导难处

角色换位法有助于体会领导的心境。有些人单位工作干得很好，当了领导却一筹莫展，尤其苦于处理各种关系。

因此要主动地帮助他分忧解难。在其犹豫不决、举棋不定时，主动表示理解和同情，并诚恳地作出自己的努力，减轻领导的负担，会令他极为高兴的。

7.不要当面顶撞领导

批评领导时，必须照顾其面子，不要令人下不了台。当面顶撞是最愚蠢的。进谏方式很多，如动情法、比喻法、寓规劝于褒奖之中等。

8. 慎重对待领导的失误

领导在工作中出现失误，千万不要持幸灾乐祸或冷眼旁观的态度，这会令他极为寒心。能担责任就担责任，不能担责任可帮他分析原因，为其开脱。

此外，还要帮他总结教训，多加劝慰。持指责、嘲讽的态度更易把关系搞僵，矛盾激化。那样，你就再不要指望领导喜欢你了。

9. 把功劳让给领导

中国人在讲自己的成绩时，往往会先说一段套话：成绩的取得，是领导和同志们帮助的结果。

这种套话虽然乏味得很，却有很大的妙用：显得你谦虚谨慎，从而减少他人的忌恨。

好的东西，每一个人都喜欢；越是好的东西，越是舍不得给别人，这是人之常情。要是你有远大的抱负，就不要斤斤计较成绩的取得究竟你占有多少份，而应大大方方地把功劳让给你身边的人，特别是让给你的领导。这样，做了一件事，你感到喜悦，领导脸上也光彩，以后，领导少不了再给你更多的建功立业的机会。否则，如果只会打眼前的算盘，急功近利，则会得罪身边的人，将来一定会吃亏。

10. 不可张扬你对领导的善事

对领导让功一事绝不可到处宣传，如果你不能做到这一点，倒不如不让功。对于让功的事，让功者本人是不适合宣传的，自我宣传总有些邀功请赏、不尊重领导的味道，千万使不得，宣传你让功的事，只能由被让者来宣传。

虽然这样做有点埋没了你的才华，但你的同事和领导总有一天会设法还给你这笔人情债，给你一份奖励。因此，做善事就要做到底，不要让人觉得你让功是虚伪的。

有效沟通的艺术

与领导相处,重在认清自己的位置。尊重领导,维护领导的自尊,学会替领导解围,不抢领导的光芒等细节,是下属与领导相处要牢记的职场规则。

第十三章
下行沟通，成为下属心中的好领导

下行沟通即领导和下属的沟通。无论一个领导者是否拥有杰出的才能，若要想成功，都需要下属的得力支持。一个聪明的领导者始终都会把"人的因素"看作是影响他成功的关键，并绝对深谙"水能载舟，亦能覆舟"的道理。因此，聪明的领导都极力收揽自己的下属。他们认为，只有得到下属的拥护与合作，才能生存与发展下去。

凝聚魅力,做下属交口称赞的好榜样

日本经营之神松下幸之助曾说:"组织以和为贵。"他所谓的和,就是上司与下属彼此有着好感。以好感为基础,领导和下属才能顺畅地工作或配合工作,如果上司与下属之间存在着对立关系,工作是无法顺利进行的。

在心理学中,人对讨厌的人所说的话,首先会表现出拒绝或抗拒反感的反应,而不会主动积极作出任何行动。如果是上司的命令,即使很讨厌该上司,表面上也会表示遵从,但内心却是一动也不动。所以,领导者一旦被讨厌的话,驱使下属就变得很困难,没有途径也要寻找借口。

因此,领导要在下属面前树立一个亲和、值得信赖的形象,才能得到下属的尊重和支持。

1. 维护好领导形象

管理者在办公室里自然要与员工打交道,在办公室之外,管理者当然还要与员工、同事或上一层领导有所往来,虽然这时候的交往气氛往往比较轻松,不同于办公室的严肃庄重,但管理者在这时的人际交往更需富有技巧性,既与员工、同事接近,打成一片,又不要随随便便,让人把自己一览无余。否则,你就没有权威可言了。

管理者与员工、同事聚会,比如公司开展一些庆祝活动等,大家都难免要同坐在一个酒桌上,吃吃喝喝。这时,领导幽默活泼一点,活跃酒桌的气氛是必要的,但在酒桌上更有一些必须遵循的礼仪。又活泼,又守礼,才能使场面又热闹、又有序,使活动获得圆满成功。这样可大大加强管理者与他人之间的联系，更能提升其在众人心目中的形象地位。

　　管理者要注意和身旁常接触的人搞好关系。在工作中与你接触越多的人，窥探你秘密的机会就多，就越容易介入你的私生活，不要与他们有一种敌对的关系，否则将对你大大不利。如果你能与他们保持友好的状态，你的一些小缺点他们也容易接受，而且还会自觉地维护你的个人形象。

　　与身边人打好交道，也是管理者维护自身形象的一个重要方面。与身边的人打好交道，并不等于说与他们过于亲密、你的一切个人的事情都放心地说与他们听。与员工保持适度距离，不但重要，而且必要。

　　每个人周围都有一种无形的界限，你不可逾越。这是一种私人生活的界线，一种内部思想和感情的界线，他们不愿向外面的人透露，尤其是在工作中相互合作的人。作为管理者，你不适合成为他们最信任和最亲密的朋友，如果是这样的话，你将冒一种很大的风险；作为管理者，你绝不应该将自己与员工的关系延伸到一些过于亲密的关系之中，你必须分清其中的界限，而不能跨越一步。

　　一个管理者与员工之间的情感依恋会带来一种灾难性的后果，这种关系应该完全避免。如果真的发生，这种关系也不应在工作场合与工作关系之中存在，如果让员工在工作之中感觉到这一点，势必对周围的每一个人都产生一种不良的影响。

　　2.树立自信和平易近人的领导形象

　　我们与人相处，有些人虽然话不多，但我们却喜欢和他待在一起，因为他能让你感到轻松愉快；有的人逢人便滔滔不绝，夸夸其谈，这不但不让我们喜欢，反而令我们十分讨厌，总想与之拉开一段距离。有的公司职工干部精诚团结，公司搞得红红火火，他们尊敬自己的公司领导，情愿鞍前马后效劳；有的公司，职工干部工作不积极，互相扯皮，人心涣散，致使工作无法开展。

有时我们确实会感觉，有一种人，无论出现在哪儿，都会成为众人瞩目的核心，即使他们不言语，就那么站着或坐着，也带给人一种特别的感觉和深刻的印象，甚至还能令人毫无保留地对他产生信任感。

你需要通过你的面部表情、形体动作、语言等展示你迷人的个性气质。独特的气质，可以通过我们的身体来体现，如站姿或坐姿、走路的姿态、说话抑扬顿挫或诙谐幽默、与他人谈话时的专注程度等。所有这些，都要求自然而不做作，随和而又充满机敏，由此所透露出来的权威感，会产生一种无形的魅力，一点一滴地注入对方的心田，在他们的心里产生连锁反应，使对方在不知不觉中被吸引、被征服。

一个人的体态能够表达其信心，显示出他是否精力充沛。如果一个人总是缩着肩膀，大腹便便，下巴松垂，或者眼睛半睁半闭，那我们很难说这是一个充满自信的人。一个充满自信并且精力充沛的姿态应该是：挺胸收腹，肩膀平直，胸肌发达，下巴上提，面带微笑，双眼闪烁着一种必胜之气。的确，没有人能够总是表现出一副精力充沛的样子，但我们都应尽力而为。

要时时注意你走路的姿势，这一点最容易向人表露你的精神状态。不要经常无所事事地闲逛，走路时应该让人感觉到你总是满怀一定的目的、稳健自如地行走。请记住，如果因为工作的原因，你必须经常出入别的办公室，你要养成一个随手带些材料或夹个文件夹的习惯。这样不会让你两手空空，而且让你表现出一种讲求效率的形象，你会因此得到他人的赞许。

你甚至也可以满怀目的地坐着，背部挺直，双脚靠拢。避免笔直地坐在一张直背椅上，不管这样多么舒服，你的姿态都会显得僵硬。最好的方式是将身体的某一部位靠在靠背上，整个身体稍微有些倾斜。

当你听对面或旁边的人谈话时，可以摆出一种轻松而不是紧张的坐姿。你在听别人讲述时，可以通过微笑、点头，或者轻轻移动位置以便更清楚地注意到对方的言辞的方式，来表明你的兴趣与欣赏。请注意电视上一些访谈节目的主持人，他们懂得如何更好地倾听他人讲话。

3. 塑造权威感

同样是讲话，有的人讲话分量重，有的人讲话分量轻，这种差异，除了受讲话者本人身份的影响以外，讲话的方式也十分重要。如果你是这方面的权威，你完全可以通过自己的说话方式告诉对方你的身份。

"言简意赅""长话短说"。短句子说起来轻松，听起来省力，吸引力也强。最好一句话一个意义，一句话的含义过于复杂，听者费力，交流就多了一层障碍。

最后出场讲话。说话时越将重点放在后面，越能显出所说的话的重要性。

口头禅是人们常挂在嘴边的口头语，总是以这句话来介绍自己，来强调自己，使别人听来亲切自然，也为自己树立了一个独特的商标。

你可以采用幽默的讲话风格。幽默的话，易于记忆，又能予人以深刻印象，正是自我表现的商标，借此必能使你在别人的心目中树立永久的形象。

你在说话时要坚定而自信，力度要适中，眼睛正视对方，这样才显示你是充满自信和颇有能力的。若讲话时眼睛不敢正视，握手软弱无力，会使人觉得你意志薄弱、容易支配。讲话时站起来，要站直。开口前先等几秒，等大家都望着你时再说。与别人谈话时，身体稍往前倾，会让别人更容易接受你的意见。

作强调时运用手势，但不可指着别人的脸晃动手指。讲话慢而清晰，语言简短，等于告诉对方："我有能力控制一切。"

注意对方的眼睛。研究显示，一个人紧张时，目光会游离不定，而且眨眼次数增加。注意对方的小动作，一个人可以做到喜怒哀乐不形于色，但他的小动作会透露他的心情。例如，你在谈话时发现对方的腿在轻轻晃动，这表示他对你的话不以为然。

努力扩大知识面。知识面越广，越能令你在各种场合充满自信地加入别人的谈话。

除此之外，你还要注意行动轻捷，笨手笨脚对你的形象损害最大。穿着上要整洁，避免刺眼的色彩和繁复的配饰，保持干净、清爽；并要注意身姿，含胸显得畏缩，昂首挺胸可以创造出你居于领导地位的形象。

有效沟通的艺术

好感是企业内人际关系活泼化的基础。正面的人际关系可以促进活动，让沟通顺利进行，而负面的人际关系会使沟通停滞。

下篇　沟通实战

有情有理，做下属心服口服的裁判长

与人交往不能存在歧视和偏见，否则一些本来最可以值得信赖的人却因为你的冷落而离你而去；那些默默无闻的人也许正是有着敏锐眼光的不凡之人，等待你去发现。

一家大型企业有10 000多名员工，朱小姐的工作是负责一个成品仓库的进口货物统计。一个部门也有百来号人，一些人对她不是太配合，明明可以由装卸工验点的报告数字，朱小姐只是负责记录，他们却总是让朱小姐自己去点验填数，按道理她完全可以向上司反映，但是她只是笑笑，主动去核查验收。一次，出口部转来一批货品，要求马上装箱发往海外。依照惯例，这样的货品已有人核点过数量，统计员只需要照单记录就行，但是朱小姐仍然重新点验了一遍，发现数量好像不对。她告诉负责人，他们都不相信，觉得这么多年来还从来没有过误差，一定是朱小姐的错误，而且，本部门只是负责装箱发运，没有复核数量的责任，朱小姐完全是多管闲事。朱小姐也不争，重新复点了两遍，仍然发现数量不对，坚决不同意登记出货。装卸员警告朱小姐，这批货是发往公司最大的销售商的，如果时间耽搁了，谁也承担不了责任。朱小姐坚决不签名，以沉默回应同事们的嘲笑与指责。

第二天，出口部经理匆匆跑过来，焦急地问起那批货品，人们猜想出口部一定是为货物拖延不发着急了，纷纷等着看朱小姐的好戏。当出口部经理得知那批货物还没有发出时，焦虑的神色才轻松许多，连声说，这就好，这就好。原来，由于工作失误，这批货确实短了几个包件，订购这批货品的是公司最大的客户，要求也最为苛刻，如果按这个差错数量发过去，公司将承担巨额赔偿。幸亏朱小姐不怕别人冷嘲热讽，坚信自己，顶住压力，以一个小角色的风度，避免了一场"大灾难"。

再来看另一个小角色的"威力"。百事公司派史坦芬·艾勒到加拿大分公司任总经理，当他正要离开纽约总部时，副总裁维克把一个很能干的助手推荐给他。到任后，此人办事很老练，又谨慎，时间一长，史坦芬·艾勒很看重他，把他当作最信任的人使用。

史坦芬·艾勒任期届满准备回到总部。这个助手却不想跟他一起回去，反而要求辞职离开百事公司。史坦芬·艾勒非常奇怪，问他为什么要这样做，那人回答："我是维克先生身边的助手，跟了他多年，我知道他的为人，他叫我跟着你，无非是让他认为最好的人带着我，你几年来在加拿大一直为公司忙着，并没有出现什么大差错。我辞职后去老总们面前说你的好话，也就不会让他们怀疑我是想以后在你手下工作。"

史坦芬·艾勒听后吓坏了，好多天一想到这件事就心神不宁。幸亏自己的确在工作上不敢丝毫松懈，否则，这样公正无私的助手把我在加拿大的所作所为都如实汇报给总裁，我就完蛋了，多吓人啊！可能职位就难保住了。

这个例子告诉我们，不可轻视身边的那些"小人物"，在他们面前表现好非常重要。这些人平时不显山露水，但是到了关键时刻，说不定就会成为左右大局、决定生死的"重磅炸弹"。

当然，这是一家公司的一个事例，但在当今众多办公室，确实有不少人被下级认真地监督着，若不知他们的厉害，不把他们放在眼里，或者以为下属只会保护自己，那就错了，往往因此导致自己职位不保。所以在日常工作和生活中，重视下属，讲究和他们说话的策略，是与下属保持良好关系的重要方面。

所以说，处理好人际关系绝对不是一桩小事，越是下属越是得罪不得。平常无论是待人还是用人，一定要记住史坦芬·艾勒的一句话："把鲜花送给身边所有的人，包括你心目中的小角色。"不要总是时时处处表现出高人一等的样子，要知道，再有能力的人也不可能把所有的事情都办好，再优秀的篮球运动员也不可能一个人赢得整场比赛。在办公室工作中，人的因素至关重要，有了人才会有事业、有情义，同时也会带来效益。说不定，你心目中的小角色会在某个关键时刻影响你的前程和命运。

在某一家公司，一个部门的正副经理都是博士毕业生，年龄相仿，经历差不多，都可谓极富才华。不同的是，一位经理为人和善，善于和员工交流。他在日常工作中，对下属恩威并施，分寸得当。在业务上严格要求，从不放松，但偶尔出了什么差错，他却总能为下属着想，为下属担担子；出差回来，总是不忘带点小礼物、小玩意，给每一个下属一份爱心。而另一位经理对下属严厉有余，温情不足，有时甚至很不通情达理，缺少人情味。例如，一位平时从不误事的下属因为父亲急病而迟到了5分钟，这位经理还是对他进行了严厉的批评，并处以罚款若干。不久，公司内部人事调整，前一位经理不但工作颇有业绩，而且口碑甚佳，更符合一个高层领导的素质要求，被提拔为公司副总经理。而后一位经理尽管工作也干得不错，但领导认为他有失人情味的管理方式不利于笼络人心，不利于留住人才，于是取消了原打算提携他的意图。

可见，"小角色"的力量汇在了一起，足以推翻任何一个"大角色"。所以，作为办公室领导不要轻易得罪"小角色"，不要与员工发生正面冲突，以免留下后患。要学会与"小角色"合作，展示自己的说服力。不要用实用主义的观点去处理"小角色"的关系，不要平时怠慢人家，等到需要他们合作的时候才去动员他们。

有效沟通的艺术

你平时花在说服员工身上的精力、时间都是具有长远效益和潜在优势的。在不远的一天，也许就在明天，你将得到加倍的回报。

恩威并用，让下属心甘情愿为你效劳

现代管理心理学告诉我们，领导一味地靠原则约束下属，收效并不理想。必要时，运用情感手段拉拢人心，常常会有意外的收获。

用真诚去感化下属，不但能使领导得到一颗心，更重要的是让更多的员工认为，他们的领导是一个宽宏大量、有人情味的人，从而自发地产生一种尊崇之情。让下属觉得领导是与他们的心拴在一起的、是容易接近的，这是一个成功的领导应有的管理艺术。有这样的领导，下属自然会产生强烈的信赖感，同时也能专心地尽忠效力，帮助领导成就事业。

而更多的情况是领导用情，却不被下属领情。因为人们都会错误地认为，管理者一般不会动情，即使偶尔动情也是拉拢人心的需要，所以很多人对管理者的情都抱有怀疑的态度。其实，管理人绝非没有情，并不是整日摆出一副冷峻的面孔，不通情理的，管理者也是充满热情的，能让他动情的，他自然会动真情。

当然，用情笼络人心也需要一定尺度。用得好，事半功倍；用不好，会激怒小人之心，惹出麻烦。情可动人，也可伤人，用此法不但要选好对象，更要谨慎处理。因为你用情团结了一部分人的心的同时，也可能会打击和挫伤另一部分人的热情。领导如果对下属严加苛求，下属会觉得你不近人情，容易产生逆反心理，如果对下属感情太过，会让下属觉得你太过软弱，缺乏应有的威严感，容易执行不力，甚至对你的命令熟视无睹，置若罔闻。

不可否认，"笼络用情"是一种权术，是一种操纵人心的技巧。然而，只有真挚的感情才能真正打动人，所以管理者对待下属，也只有真情才能发挥效用。这里的"情"是发自肺腑、出自内心的，是真心诚意的。因而说，用情拉拢人心实际是人际交往的需要，更是管理中必备的驭人之法。

1.运用激励手段，把员工的积极性纳入组织的轨道

激励是心理学中的一个术语，是指心理上的驱动力，含有激发动机、鼓励行为、形成动力的意思，也就是说，通过某些内部或外部刺激，使人奋发起来，行动起来，去实现特定的目标。简而言之，激励就是激发员工的自控力，调动员工的积极性，使员工朝向组织的目标作出持久的努力。

具体来说，只有当员工认为努力会带来良好的绩效评价时；当良好的绩效评价结果会带来组织奖励（如奖金、加薪或晋升）时；当组织奖励会满足员工的个人目标时，他才会受到激励进而付出更大的努力。

在组织环境中，目标表现为一种刺激或"诱因"，它可以是物质性的，如产量、质量、利润指标，或者工资、奖金、奖品及各种物质报酬，也可以是精神性的，如职务、成就、认可、赏识等。这些外在的诱因也是产生动机的重要因素，它和内在的需要相辅相成，共同贯穿于行为的全过程。如果你要想成功地激励员工，那么仅仅了解员工的需要是不够的，你还必须经常提供适当的目标以激发动机，指导行为，使员工的需要和组织的目标挂起钩来，形成目标连锁，把员工的积极性纳入组织的轨道。

激励的本质就是根据员工的需要提供适当的刺激和目标，诱发员工的动机，调动他们的积极性。一般说来，被激励的员工处于一种紧张状态，为缓解紧张他们会努力工作。紧张强度越大，努力程度越高。如果这种努力成功地满足了需要，紧张感就会减轻。由于激励的目的是为了提高组织的绩效，所以这种减轻紧张程度的努力必须是指向组织目标的。组织目标必须包含员工的个人目标，这样员工在为组织目标努力的过程中个人的目

下篇 沟通实战

标就得以实现,他们才会有真正的积极性。

2.奖励既能满足员工的物质和精神需求,又能满足他们的价值感

维克多·H.弗鲁姆(Victor H.Vroom)在1964年出版的《工作与激励》一书中阐述了他的工作激励的期望理论。该理论强调,需要本身是一种动力,但需要在未被满足之前,对需要者来说只是一种期望,可以说,需要作为一种动力是通过期望表现出来的。

在管理工作中,有两类期望值模式与奖励有关:

一种是"绩效—报酬"关系。它是指个人相信一定水平的绩效会带来所希望的奖励结果的程度。如果我获得了好的绩效考核结果,是否会因此得到奖励呢?这个问题的答案也常常起到举足轻重的作用。如果一个人具有很强的"绩效—报酬"期望,将对他的行为产生很强的正向激励作用,越是相信通过有效工作可以获得积极结果的人,就越能激励他去有效地工作。例如,当一个人相信通过努力可以给他带来增加工资或提升的机会时,他会因此而受到激励更努力地工作。而另一个人,感到卖力地工作只能产生诸如挫折和疲劳之类的消极结果,得到的结果或报酬却很少,他就不会想去更好地工作。

另一种是"报酬—个人目标"关系。它是指组织奖励满足个人目标或需要的程度以及这些潜在的奖励对个人的吸引力。毫无疑问,人们对不同报酬的估价是各不相同的,一个人可能认为金钱的效价是很高的,而另一个人则觉得得到别人的认可和赞扬比金钱更有价值。工作结果对一个人激励影响程度,往往取决于这个人对结果的效价看法。如果一个人越是以积极的态度估价一种结果,这种结果对个人激励影响的潜在力量就越大。

所以,现代高明的管理者,都能建立以绩效为基础的奖励制度。这里的奖励是一个广义的概念,它包括奖金、提升、表扬,也包括提高个人威信、得到同事的信任、看到自己的工作成效等。如果只要求员工对组织作

出贡献，而组织没有相应的回报，时间一长，员工的积极性就会消退。

在实施奖励的过程中，一定奖员工之所需、投员工之所好。人人都希望奖励能满足个人的需要。由于人与人之间在年龄、性别、资历、社会地位、经济条件、家庭状况等方面存在着差别，反映在需要上也有明显的个性差异。因此，对同一种奖励，不同的人体验到的效价不同，它所具有的吸引力也不同。将报酬个别化以适应不同员工的需要是十分重要的。一个员工努力工作，希望得到晋升，但你给他加了薪水；或者一个员工希望做更有趣和更有挑战性的工作，却只得到几句表扬的话。在这种情况下，你虽然也支付了报酬，但却达不到你希望的奖励效果。

许多员工在工作中不能被激励，是因为他们看不到努力与绩效的关系，绩效与报酬的关系，或他们得到的报酬不是他们实际想要的。如果你想激励员工，你就应该去加强这三对关系。因为不存在一种普遍的原则能够解释所有人的奖励机制，差别化、个性化的奖励才是有效的奖励。

有效沟通的艺术

一个好的管理者，应该做到恩威并济、情理并重。只有这样，才能表现出高超的统摄下属的能力，从而让下属肯付出全部力量达成目标。

下篇　沟通实战

一手掌权一手放权，彰显团队精神

领导立威并不简单，因为领导过程本身是复杂而多变的。在一个急需建立秩序却又久已形成拖沓、散漫痼疾的组织中，有时需要领导者要以冷面掌权，利用坏的态度来强调个人的权力。的确，有许多领导者以不敬的言行及粗鲁的举止来藉以证明他们有足够的权力去侮辱那些必须听命于他们的人。事实上，这就像某人所说的，"我知道你不喜欢这种言辞，但你无法加以反对。实际上我正是用它来向你表示我毫不在乎你的想法。"不敬还有一层含义，它是一种威胁或是强制别人服从权力的行为。

冷面掌权如能有节制使用，可以立即建立起领导者个人的优越地位。但其作用是有限的，也有缺点，它降低了整个组织的宽松气氛。

领导者的冷面态度如果表现得并不十分过分时，有时会比较有用，并且经常都是以被领导者迅速服从的方式表达出来。

当他们要求别人协助时，总是用这些措辞，如"这些细节我一点都不懂"，或"不要告诉我那些专门术语，只要告诉我行还是不行"。

幽默对权力而言是一种不可靠的工具。喜欢权力的人对自己都很认真，他们不相信任何形式的幽默。此外，有很大权力的人在说笑话时，习惯听人家大笑。因此，即使他们的确有幽默感，也会由于过度地要求赞赏而减低其效果。有权力的人在大部分情况下，不会把笑话当成幽默性的消遣，而把它当成一种控制谈话的工具。现在假如有6个人参加讨论会，其中一位为了强调他的权力地位，就会说："在我们继续进行讨论前，我想起了一个可笑的故事要告诉你们。"然后他就开始说，说得很长，这不是在逗大家乐，而是用一个怪招证明自己能打断讨论。

优势当然是权力游戏的金矿。基本的技巧是把人叫进你的办公室来，而不是跑到他们的办公室去，否则就表示你放弃你的权力场所而进入他们的场所。这的确够简单，但却忽视了领土保护制度的复杂性。许多有权力的人，特别是有侵略性的人，都喜欢到别人的办公室去，因为他们认为这是在侵入别人的势力范围。因此想建立自己优势的人就会进入别人的办公室坐下来，把脚放在办公桌上，就这样侵略了他们亲近的领土。这些小的征服方式为数颇多，包括使用如烟灰缸之类的东西，那些东西显然并不是他们想要使用的；或向别人的秘书下达命令。这类游戏的重要之处是在建立领土权力，并可显示你较你的对手来得随便。他们毫不拘束地把对方叫进自己的权力场所来下达命令，跑到部下的办公室去发布警告、威胁及谴责。另外，有种为许多人所熟知的特殊方法，就是在自己的办公室召开会议，并让座位不够，使得参加会的人不是走掉，就是自己去拿椅子，或者坐在地上。这是一种让别人不舒服，从而建立起自己威信的方式。

虽然冷面掌权似乎不是一种有希望的领导立威途径，但如使用恰当，事实上却是一种有效的武器。一个因严厉、易怒及敏感而出了名的领导者通常可以迅速使组织中形成一种必须服从的气氛，可以让领导者的各种指令毫无困难地被落实和执行，可以让领导者的权威在短期内急剧上升。历史上很多以严厉、冷面出名的领导者如孙武、巴顿等，不仅个人威信极高，而且所领导的部下与团队常常在这样的领导者统率下，攻无不克，战无不胜。当然，在现代组织中，或是在长期的领导过程中，单凭冷面和严厉来树立领导威信是远远不够的。

领导在掌握大权的同时，还要适当放权。一些领导之所以成天忙忙碌碌却又干不到点子上，原因就是抓权太多。这些领导一方面抱怨事情干不过来；另一方面又事无巨细，什么事都要亲自管。当下级把矛盾上交时，他便亲自去处理那些本应由下级处理的问题，陷在事务圈子里不能自拔。这种包揽各种权力于一身、唱"独角戏"的做法，与现代领导的工作方式毫无共同之处。

天津市有个著名的企业改革家提出"分权而治，分级管理"，他平时只抓9个人，即4位副厂长、2位顾问，加上计划经营、质量管理2位科长和1位办公室主任。这些人再把权力一层一层地分下去，工作起来效率很高。过去一上班，办公室里就挤满了人；晚上又找到家里请示工作，商量问题。现在厂长办公室清静了，厂长可以把大部分的精力用在筹划长远规划和抓改革上，只用少量的精力处理日常事务。晚上家里有了看书学习和休息的时间，可以不断汲取新知识，获得旺盛的精力。

具体地讲，授权有以下几个好处：能够减少领导的工作负担，使之从琐碎繁杂的事务中解放出来，腾出较多的时间和精力去考虑重要的、战略性的、全局性的问题，更有效地进行决策和指挥；能够增强下级的荣誉感和责任心，发挥他们的工作热情，调动他们的积极性，提高其工作效率；有利于在工作实践中培养和锻炼干部，增长干部的才干；能够发挥下级的专长，弥补自己的不足。领导应当尽可能地把自己不擅长的工作，授权给在这方面擅长的人去干，以提高领导工作的质量；可以改善上下级之间的关系，使下级从等级服从、层层听命的消极被动状态，改变为合作共事、互相支持的积极主动状态。

有效沟通的艺术

正确的领导方式应当是在统一领导的大方向下，实现有效的分工授权，做到小事糊涂，大事不糊涂。

上通下达上行下效，信任征服人心

现代公司领导方式的发展趋向表明，传统的权力观念已经动摇了，靠个人的一言九鼎和威吓欺诈等手段不能适应社会要求，领导行为越来越需要在被领导者受到吸引和感召的前提下进行。

几位美国学者访问了当时最为优秀的几家美国企业，他们希望观察管理心理学中的动机理论是如何被这些富有创造性的企业家从生产、组织、薪水、员工福利等各个方面付诸实践的。在这次访问中，他们对所接触到的公司中的优秀的经理产生了深深的敬意。这些经理具有普通知识分子中很少见到的一些优秀品质。他们意志坚强，处事果断，待人接物既有原则又有灵活性，他们就像是已经真正成熟了的人。在对这些优秀的企业经理进行研究的基础上，学者们结合他们在企业、政府、军队的咨询经验，详细地阐述了对领导的心理特征和什么样的人才是优秀企业家的看法，后来这些看法和研究逐渐形成了管理学和管理心理学中"领导魅力"理论的重要基础。

领导作为企业的掌舵人，理应给员工树立起一个典范。美国管理学会（AMA）曾做过一项调查：由大约1 500位管理人员列出他们最欣赏的部下、同事和上司所具备的品质。

他们总共列出225种品质，经研究人员整理后，归纳为15大项。

（1）气度恢宏（胸襟开阔、有弹性、能包容人）。

（2）有才干（有能力、有效率、做事彻底）。

（3）能与人合作（待人友善、有团队精神、肯配合别人）。

（4）可靠（值得信赖、有良心）。

（5）有决心（工作勤奋、有干劲）。

（6）公正（客观、前后一致、民主）。

（7）富于想象力（有创造力、富有好奇心）。

（8）正直（可信、有人格）。

（9）聪明（灵活、善于推理）。

（10）有领导能力（能鼓舞士气、能决断、能指明方向）。

（11）忠诚（对公司或对政策忠心）。

（12）成熟（有经验、有智慧、有深度）。

（13）坦诚（不拐弯抹角、率直）。

（14）能体谅别人（关心别人、尊重别人）。

（15）能支持别人（能了解别人的立场并提供协助）。

同一调查表明，这些被调查人员认为上司应当具备的最重要的品质，一是"正直"，二是"有领导能力"，三是"有才干"。

一个有魅力的领导，第一，必须具有良好的品德，做人必须要既有原则又有灵活性，有才无德不会得人心，也不会成大器。第二，要有渊博的知识。只有具有雄厚的知识做基础，一个人才会具有自己的看法、见解，才不会被社会中纷繁复杂的现象所迷惑，才能在企业管理中作出科学的决策。在现在的知识经济大潮中，一位优秀的领导不仅仅需要精深的专业知识，还需要广博的知识结构。第三，要具有优良的心理素质，能在巨大的压力下正常工作，具有良好的心理忍耐力。第四，领导应当是完全成熟的人，情感热烈而稳定，待人接物合乎本性而又合乎情理，近于古语所说的"从心所欲，不逾矩"。

领导的观念会直接决定他对别人的看法。领导自己是正直、诚实的，而且表现出了自己的正直和诚实，就把别人也看成是正直和诚实的，别人也就以正直和诚实约束自己。只有抱着"善"的观念看待下属，才会对下属怀着真正的关心、鼓励和同情心，才会在公司员工中形成一体化意识，否则人心就必然涣散。

可见，真正优秀的领导，其内在本性有许多吸引人的地方，正是这些优秀的本性才构成了独特的领导者的魅力。

一切不信任的表现都将影响组织的效益，更为重要的是，这样的不信任将严重影响组织目标的实现。领导只有信任员工，并且让员工觉得你信任他，从而对你产生信任感。

从某个角度讲，信任下属是管理者对下属品质、能力的充分肯定。但这绝不意味着让那些不具备良好品质和突出能力的下属任意所为，以至于破坏企业形象。因此，信任是一种理解和信赖。作为管理者，你应当记住这一点。

真正的信任是，你相信你的下属会把事情办得再完美不过，同时你也相信他们会遵循你的原则。

产生信任是管理者的重要特质，管理者必须正确地传达他们所关心的事物，他们必须被认为是值得信任的人。信任员工，在很大程度上是指信任员工会尽力做事，也会正确地做完，通常员工们是不会辜负管理者的期望。但是，在处于指挥、控制、监视的工作环境里，是不太可能激发信任和尊重的。

不信任下属是最不实际、最没有效率、最浪费时间的管理方式。正常的情况下，管理是将工作目标划分成适当的责任范围，使得员工能发挥最大的潜力。但是，许多管理者狂妄自大，他们以为只有自己有能力完成工作，从不信任他人，又对自己有效管理他们的能力没有信心。他们总是事必躬亲，三番五次地检查、作改动，这对生产力大大不利。

还有一点我们须知道的就是，员工不愿做一个看起来无能的人的下属。信任来源于公正大方,但要想长久维系信任,只源于人们对有能力的上司的崇拜和尊重。

要值得信任,管理者还必须做到公平、公正,偏袒、虚伪、错误的观念和行为、不道德的举止,这些都会极大地破坏信任。

有效沟通的艺术

由于领导在公司内有很强的示范效应,上行下效,传染性极大。因此,高明的企业领导人,总是很注重自己的道德约束,注重自己待人接物的方式,注重处理与同事、下属、家人的关系,保持一种较为完善的风范。

第十四章
谈判沟通，生意场上的博弈艺术

  管理活动和商务活动成功与否，很大程度上取决于谈判技巧与能力。毋庸置疑，现代管理者必须练就卓越的谈判技巧和实战能力，才能成为赢家，才能在掌控自己命运时得心应手。训练有素的谈判技能是一种超级脑力劳动和心理博弈活动，既需要科学的理论作指导，也需要借鉴成功的经验。

以诚为本是谈判永恒的真理

谈判不仅仅是一种竞争,更重要的是一种合作行为。因此,合作在谈判中尤其重要,若合作,则必须以诚相待。今天,谈判已经成为人际交往的重要手段之一。谈判的成败不一定取决于谈判者的智慧和计策,而在于是否具有谈判的诚意。即便是一项很容易达成的协议,如果缺少了诚意,也可能失败。

当谈判双方首次见面时,往往都会怀有一种戒备的心理,毕竟从来没有接触过,也不了解对方的真实动机和目的,出于安全考虑,往往会将自己的真实情感隐藏起来,使你无法判定他将会采取什么策略,不得不知难而退;有时出于戒备之心,对方开始时往往会用丝毫不带感情的外交辞令与你周旋,表面上毫无敌意,暗地里却在冷眼观察你的一举一动,试图从中发现你的意图。这种情形常使你尴尬不已。还有的时候,出于戒备心理,对方甚至从一开始就对你唯唯诺诺,仿佛唯命是从。但当你以为时机成熟,可以说出自己的想法时,对方却给你来个180度大转弯,让你的计划泡汤。

消除对方的戒备心理,避免在谈判中出现上述尴尬,最关键的一点就是:以诚相待。在谈判中,以诚相待原则,首先就体现在真诚地关心对方。一位从事人际关系研究的专家认为:人最关心的是他自己,而且希望他人也关心自己,就好比他拿起一张有他在内的集体照片,他首先看到的是他自己。他听你说话也一样,首先也希望在你的谈话中能找到他,并会以你关心他的程度来决定他关心你的程度。因而谈判伊始,先拿出一定的时间，以寒暄、问候的形式真心实意地表达你对对方的关心是十分必要的。这样，可以使谈判在一种相互关心、诚挚友好的气氛中进行。从你的关心中，对方感到他是在同一个富有同情心和爱心的人打交道，他不必担心自己会受到欺骗和不公正的待遇，从而消除戒备之心，积极与对方合作。关心对方，还体现在真诚地关心对方的利益上。谈判不是角斗。在角斗中，非胜即败，为了取胜，当然不必关心对方的失败。谈判的宗旨是要双方都获益。从关心对方利益的角度提出问题，使对方认识到接受你的提议会使自己受益，他才会接受你的方案。如果你只顾讲自己的利益，要求对方处处为你着想，你就很难说服他。

真诚地关心对方，不仅会使对方受益，也会使自己受益。这是一条双行道，只有慷慨地投入，才能获得丰厚的产出。谈判的以诚相待原则，还要求谈判者要有诚实的态度。在许多场合，谈判是由于我们犯了错误而引起的，比如，当你闯了红灯，当你不小心砸碎了别人的东西，你要对此负责。但是，在通常情况下，人们不会心甘情愿地接受处罚，往往会千方百计地开脱，使自己承担的责任最小化。但是，这种努力往往会适得其反，它也许会为你挽回一定程度的损失，但你却因此丧失了别人对你的信任和尊敬。这一方面是由于你的强辩甚至狡辩表明你的不诚实和不可信赖；另一方面与对方强辩，无疑损伤了他人的自尊心。人的尊严、自尊感常常是在履行自己的职责和批评他人中得到体现和满足的。你的抗拒行为，不仅妨碍了他人履行职责，而且刺伤了他们的自尊心。这样，你挑起了对方的敌对情绪，为了维护尊严，对方将以毫不妥协的态度与你力争到底。因而，在谈判中，如果你有错误，那么减少错误的损失以及使对方原谅你的唯一方式就是老老实实地认错。你认错了，对方的自尊心得到了满足，这会触发他的同情心，他会反过来以宽容的态度对待你、谅解你，从而达成对你有利的协议。

下篇　沟通实战

　　以诚相待，还必须开诚布公。在谈判中，为了双方的利益，谈判者应该乐于向对方提供有关谈判的信息和自己一方的情况。如果总是怀揣着"秘密武器"，封锁自己这边的情报，却要求对方为你提供情况，以谋取个人私利，是不会促进双方积极合作的。开诚布公运用在谈判中，就是态度诚恳而坦率，适当地流露出自己的感情、希望和担心，公开自己的立场和目标，以增加谈判的透明度，消除对方的戒备之心。开诚布公不仅使对方利益得到实现，也会使对方的思想境界得到升华。

　　在谈判中，信用是双方建立信任关系的前提条件。任何一种谈判，没有信任，是不可能达成任何协议的。如果对方信任你，谈判就会在轻松和谐的气氛中顺利进行。反之，如果对方顾虑重重，就会使谈判气氛紧张，就有可能达不成协议，甚至谈判破裂。神经处于高度紧张状态的人们不可能取得好的谈判结局，他们会要求更多的保证。而在两个相互信任的谈判者中间，谈判的气氛必然是坦诚的、开诚布公的、真挚的，他们不会相互戒备对方，也不可把自己的真实意图深深埋藏，更不会处心积虑地打探对方的信息。在他们之间，信息的传递是一目了然的。在彼此信任的前提下，他们能直截了当地触及问题的核心，而不必纠缠于细枝末节。

　　作为一个讲信用的谈判者，在谈判中应该以诚实的态度向对方提供必要的信息，运用智慧和技巧取得应得的合法利益，并且一旦许诺，就要竭尽全力、千方百计地践约。

　　守信，是信用的主要内容。在谈判中，一个谈判者可以是难以对付的人，可以机智善变，甚至可以有一种软磨硬泡的谈判作风，但他一定要是守信的、说话算数的。失信，是一种腐蚀剂，它将使双方的关系恶化。由于一方的失信，对方会认为他是一个无信义、无信用的人，从而对谈判失去信心。对方即便不中途退缩，也会变得毫无活力和诚意，最后难以达成协议。有时，其中还会由于对方的失信产生一种被愚弄和欺骗的愤怒情绪，他也许会把它发泄出来，使对方难以承受。

守信还要求诚实地践约。履行诺言固然重要，但允诺本身也是不可忽视的。谈判者对自己的许诺要采取慎重的态度，要清醒地估计履行诺言的条件。首先，自己是否具有这种实力，是否能够如期向对方提供许诺的好处，或兑现某一条件；其次，要对客观情况做深入细致的了解，使诺言符合客观实际；最后，许诺要留有余地，不要把话说绝，否则很容易使自己陷入绝境。

谈判是一种策略性、技巧性很强的活动，狭路相逢，往往智者胜。你可以淋漓尽致地发挥你的智慧、才华，运用高超的技巧出奇制胜，但它们必须严格区分于欺诈。欺诈是一种破坏信用的行为，靠欺诈谋取利益不仅有悖于谈判的宗旨，在公共道德方面也是行不通的。即使以各种狡猾、欺骗的手段获得一时的成功，但同时也注定了失败的必然结果。在谈判中，如果你希望得到对方的信任和尊重，得到他人的积极合作，那么，千万不要忘记信用这一条最基本的原则。

有效沟通的艺术

谈判者越坦率，越能够逐步引导对方采取同样的态度。谈判者的智慧、技巧固然重要，但取代不了谈判者态度的诚恳。一项缺少诚意的谈判，即便成功了，从价值判断的角度来看，它也只是一项没有价值的交易。

下篇　沟通实战

谈判中的争与让原则

在销售谈判中，人的因素除了观念问题之外，情感表露也会对谈判产生重要影响。当然，我们期待谈判对手的感情泄露，这有助于谈判的顺利进行。例如，你的谈判对手刚刚做成了一笔漂亮的生意，使他在谈判中不禁喜形于色。对方高昂的情绪可能就使得谈判非常顺利，很快达成协议。然而，你也可能会碰到个别不如意的对手，情绪低落，甚至可能对你大发雷霆。

在谈判中，有时双方都难以抑制感情泄露。这时，如果处理不当，就容易使矛盾激化，使谈判陷入僵局，双方为了顾及"脸面"而彼此绝不作出任何让步，结果双方很难再合作下去。还有一些谈判者不断重复着让对方毫无原则的让步，不清楚让步的真实目的，最终的结果往往是将自己逼入绝境。

在一次国际性的商贸谈判到中间休息时，英国的一位裘皮商人主动给美国的谈判人员递烟闲聊："今年的黄狼皮比去年好吧？"美国人随意地应了声："还不错。"那人紧跟了一句："如果要想买20多万张不成问题吧？"美国的谈判人员仍不经意地说"没问题"。

英国商人在不动声色中掌握了美国有大量的黄狼皮在寻找买家的商情。在随后的谈判中，英国商人以比原方案高出5%的价格，主动向美国商人递出5万张黄狼皮的买单。可是随后就发现有人用低于英国商人的报价在英国市场上大量抛售黄狼皮，当美国商人向其他国家的报价全部被顶回时，他们才恍然大悟：原来英国商人是有意用高价稳住自己，使其他的商人不敢问津，以便大量抛售他们几十万张黄狼皮的库存，以微小的代价换了个先手出货。

谈判是双方不断地让步最终达到价值交换的一个过程，一个小小的让步也许会涉及整个战略布局。让步既需要把握时机又需要掌握一些基本的技巧，草率让步和寸土不让都是不可取的。

1. 不要草率让步

谈判就是谈判，在工作之外你可以和对方促膝谈心，成为莫逆之交，但在谈判桌前就要针锋相对，要清楚你代表的是企业行为而绝非个体，你的一个轻易让步可能会使企业利润降低或者亏损，减少市场的投入甚至影响员工的收入都说不定。也许没有人认为自己的行为会有如此严重的后果，但如果每一名谈判者都抱着如此的心态，那么再优秀的企业也会垮台破产。

因性格而改变谈判结果的例子比比皆是，性格软弱的谈判者更容易作出让步，买家很愿意和这类谈判者共事，他们总会提出一些难以接受的要求，随后不断地施加压力，迫使谈判者一次又一次地接受。其实，只要把握正常的心态、强化谈判的决心，你就不会轻易地让步，即使你方处于弱势。

一些销售人员认为谈判总需要有一方作出让步，否则谈判将无法进行下去。这种理念听起来确实不错，但问题是为什么一定是你先让步呢？你的让步或许使对方会认为你在表示诚意，但老谋深算的对手绝不会这么看，他们不会被你的诚意所感动，相反，他们会认为你软弱可欺，谈判的态度会越发强硬起来，会变本加厉来迫使你再次让步。

不要以为你善意的让步会感动对方，使谈判变为更加简单而有效，这只是一厢情愿的想法，事实上恰恰相反，在你没有任何要求的让步下，对方会更加有恃无恐、寸土不让，并且还会暗示你作出更大的让步。想以让步来换取对方的让步是绝不可能的。

也许你会经历过这样的情景。你千辛万苦地开发了一个重要客户，对方虽然认可了你的产品，但始终不同意接受产品的价格，你当然不能让"煮熟的鸭子飞了"，无奈之下作出了价格让步，但有言在先，下次订货时要按标准价格执行，对方满口答应。好容易盼到他们再次要货了，出乎你的预料，他们不但不认可标准价格，还威胁你如果不给予相当的折扣，他们会与其他的供应商合作，而且永远不再和你来往了。所以，当对方要求你让步时，应该索要一些回报，否则绝对不要让步。

2. 让步应遵循的原则

谨慎让步，要让对方意识到你的每一次让步都是艰难的，使对方充满期待，每次让步的幅度不能过大。

尽量迫使对方在关键问题上先行让步，而本方则在对手的强烈要求下，在次要方面或者较小的问题上让步。

不做无谓的让步，每次让步都需要对方用一定的条件交换。

了解对手的真实状况，在对方急需的条件上坚守阵地。

事前做好让步的计划，所有的让步应该是有序的，将具有实际价值和没有实际价值的条件区别开来，在不同的阶段和条件下使用。

3. 以退为进

还有一种让步是以退为进，即形式上满足对方的需要，实际上却保护了自己的基本利益，乃至扩大自己的长远利益。这是一种积极的退却，在各种形式的谈判中被广泛地运用着。运用以退为进策略的着眼点应放在两个方面：一是要保证自己的基本利益不受损害；二是要为将来的发展创造必要条件或环境。这两方面是互相促进的，只有己方的基本利益不受损害的情况下，才有可能为将来的发展创造条件或环境。同时，只有将来有发展，才能更好地保障自己的基本利益。

具体而言，运用以退为进的策略应该注意以下几项。

（1）替自己留下讨价还价的余地。如果你是卖主，就适当地喊高价，如果你是买主,就出价低一些。不过不能漫天要价或还价,务必在合理的范围内。

(2)让对方先开口说话。让他表明所有的要求,先隐蔽你自己的要求。

(3)让对方在重要问题上让步。如果你愿意的话,你可以在比较小的问题上,率先让步。

(4)让对方努力争取才能得到想要的每样东西。因为人们对于轻易获得的东西都不太珍惜。

(5)不要让步太快,晚点让步比较好。因为对方等得越急、等得越久,才会越珍惜、越满意。

(6)不要作无谓的让步。每次让步都要从对方那儿获得某些让步。如果你无法吃到大餐,便要想办法吃到三明治;如果吃不到三明治,至少也要得到一个承诺。这个承诺也是一种让步,虽然是已经打过折扣的。

(7)有时不妨做些对你没有任何损失的让步。

(8)不要掉以轻心。记住每个让步都包含着你的利润。

(9)不要脱离掌控。虽然在让步的情形下,也要永远保持对全局的有利情势。

(10)假如你在作了让步后想要反悔,也不要不好意思。因为那不算是协定,一切都还可以重来。

(11)要随时注意己方让步的次数和程度。

有效沟通的艺术

每一阶段的让步都要与所让步的价值相对应,每一项让步,双方需求不同、角度不同,所体现出的价值存在很大的差异性。在你作出让步后得到对方回报的过程中,双方所得到的价值是否对等是让步的关键。

下篇　沟通实战

和气生财：谈判的目标是双赢

在谈判中，双方的利益不一致是必然的，有时甚至是尖锐对立的。正由于分歧、差异的存在，才需要运用谈判进行协调，但协调的方式不同，其结果的差异也是很大的。在谈判桌上，人们常常不懂得通过互利使双方各有所得。人们常坚持与对方对立的立场，以强硬的手段获得利益，而不懂得利益的分歧、对立恰恰是互利与合作的基础。

坚持对立的立场，各不相让，常使谈判陷入僵局。而奉行互利的原则，则可以打破僵局，达成对双方都有利的协议。例如，"埃以和约"的签订，生动地说明了互利原则的作用。

以色列1967年6月就占领了埃及的西奈半岛，1978年双方在戴维营谈判。当时双方立场尖锐对立，以色列坚持要占领西奈的某些部分，埃及则坚持西奈的每寸土地都要重归埃及。然而，虽然有尖锐对立的立场，探讨双方各自的利益时，问题以互利的方式解决了。

以色列的利益在于它的国家安全，他认为埃及的坦克配置在自己的边界，随时可以发动进攻，威胁自己的安全。埃及的利益则在于它的主权和领土完整。最后，在美国的协调下，双方达成了协议：西奈半岛完全归埃及，但大部分地区要非军事化，以确保以色列的安全。这样，谈判取得了圆满的结局。

在谈判中，奉行互利原则，要善于向对方指出对方的利益所在。有的时候，谈判者坚持某一立场，僵持不下，或者是只看到了利益的一方面，而忽视了更主要的方面。假如你敏锐地观察到了这一点，诚挚地给对方指出，就会达成一项既有利于你，又有利于他的协议。

戴尔·卡耐基曾经有这样一个谈判。有一段时间，他每个季度都有10天租用纽约一家饭店的舞厅举办系列讲座。后来，在某个季度开始的时候，他突然接到这家饭店的一封要求提高租金的信，而且对方要求租金提高2倍。当时举办系列讲座的票已经印好了，并且已经都发出去了，换地方明显不合适。但是，卡耐基并不愿意支付提高的那部分租金。几天后，他去见饭店的经理。他说："收到您的通知，我有些震惊。但是，我一点也不埋怨你们。如果我处在你们的位置，可能也会写一封类似的通知。作为一个饭店的经理，你的责任是尽可能多地为饭店谋取利益。如果你不这样，你就可能被解雇，如果你提高租金，那么让我们拿一张纸写下将给你带来的好处和坏处。"他拿过一张纸。在纸的中间画了一条线，左边写"利"，右边写"弊"。他在利的一边写下了"舞厅，供租用"，然后说："如果舞厅空置，那就可以出租供舞会或会议使用，这是非常有利的。因为这些活动给你带来的利润远比办系列讲座的收入多。如果我在一个季度中连续10个晚上占用你的舞厅，这当然意味着你失去了一些非常有利可图的生意。""现在，让我们考虑一下弊。首先，你并不能从我这里获得更多的收入，只会获得更少。实际上你是在取消这笔收入，因为我付不起你要求的价格，所以我只能被迫改在其他地方办讲座。""其次，对你来说，还有一弊。这个讲座吸引了很多有知识、有文化的人来你的饭店，这对你来说，是个很好的广告，是不是？实际上，你花5 000美元在报上登广告，也吸引不了比我这讲座更多的人来这个饭店。这对于饭店来说是很有价值的。"

卡耐基把这两项"弊"写下来，然后把纸交给经理，说："我希望你能仔细考虑一下，权衡一下利弊，然后告诉我你的决定。"第二天，卡耐基收到一封信，通知他租金将只提高50%，而不是200%。

卡耐基一句没提自己的要求、自己的利益的话，而是始终在为对方的利益以及怎样实现才对对方更有利考虑，但是却成功地达到了自己的目的。

关心对方的利益，站在对方的角度设身处地为对方着想，指出他的利益所在，对方就会欣然与你合作。谈判的关键在于找出什么是对方的真正需要。当你谋求你的利益的时候，也给对方指出一条路，使其获得他所谋求的利益。

谈判者还应该把对方看作是风浪中同舟共济的伙伴。为了自己能够生存下来，就得设法帮助对方也生存下来。这是增强你抗击风浪的实力，以驶入彼岸的需要。但这也意味着，对方要与你分吃最后一块面包，分喝最后一瓶淡水。要生存下来，共御风险，就得共享利益。在谈判桌上，当你要喝汤的时候，不要忘记对方手中也有一把勺子。

有效沟通的艺术

在谈判中，奉行互利的原则，要善于在对立与冲突的后面寻找双方的共同利益。共同利益的发现能使双方受到鼓舞，并深明大义，促使谈判的成功。共同利益还可以弥合双方的分歧，使双方达成一项双赢的协议。

智胜谈判桌：唇枪舌剑胜过百万雄师

谈判时刻也离不开语言。古今中外，多少能言善辩之士或口若悬河，力挽狂澜；或款款而语，潇洒自如；或坦率直言，语惊四座；或婉转含蓄，妙语生花。他们精妙的语言与敏捷的思维融合在一起，往往取得意想不到的最佳效果。

1.据理力争

在谈判中，当涉及问题的实质时，往往要据理力争，针锋相对，不能轻易让步。如果缺少必要的锐气，往往会损坏己方应得的利益。所谓针锋相对，并不是要大吵大闹，指着鼻子骂人。而是必须讲道理，摆事实，逻辑严密，语言有力。通常在涉及公司重要利益时，要采用这种方法。

2.循循善诱

在谈判中，对方往往会怀疑你提出的观点或者建议。在这种情况下，采用循循善诱的表达技巧往往能使对方逐渐接受你的想法。循循善诱的特点就是紧紧抓住对方心理，站在对方的立场上阐述对问题的见解。这样的语言往往会使对方逐步放弃原来坚持的想法，逐渐顺着你的思路思考。循循善诱的一个重要出发点就是先从讨论双方彼此相同的观点开始，在对方取得初步的一致后，再步步为营，推理诱导，使对手的谈判思路逐渐纳入自己所设计的轨道上来。

3.有的放矢

大家都知道"言为心声""文如其人"这些典故。每位谈判者的语言本色固然受到其身份、地位、文化素养、思想性格等一系列因素的制约。

下篇　沟通实战

但是谈判语言要与谈判的目的相一致，谈判语言要根据特定环境而采取不同语言。有的时候，为了取得谈判的成功，必须改变一下自己平常说话的特点，要增添特定环境下的新色调，运用有的放矢的技巧。这并不是"虚伪"和"演戏"，而是为了有效地进行成功的谈判。如一味地坚持自己说话的本色，我行我素，不顾特定谈判环境下的特定制约，往往会丧失谈判的控制权，使谈判受挫。人们通常说"猛张飞粗中有细"，也正是称赞勇猛的张飞在某些特定的条件下有的放矢的"细"。

4. 探测虚实

在谈判中，一般人们都是采用发问的方式来探测对方的态度与实力背景。当然，发问也有一定的技巧，有的时候可以直截了当地问，而有的时候就必须间接地发问。比如对涉及自己实力和最后立场的关键信息，在对方进行探测的过程中千万不能轻易透露，否则就丧失了谈判的主动权。

间接发问的类型有多种，如：为探测对方动机与意向——"承蒙您的厚爱，您为什么千里迢迢地来我们这里谈生意？"为探测对方态度——"您对我们公司的印象如何？"为探测对方实力——"我们再扩大些合作领域怎么样？"而直接性的发问，一般用意也很直观，比如：为鼓动对方参与——"对此您还有什么意见？"为测定对方态度——"我们的让步与您的期望差不多吧？"

运用发问的方法，要求发问者逻辑严密，并且对涉及最终实情的相关信息有较充分的掌握，最后以对方认可的事实和充分的说理来达到自己的目的。

5. 巧妙暗示

谈判过程瞬息万变，有时双方各执己见，相持不下，甚至谈判无法进行。有时，谈判者出于各种各样的考虑，在许多情况下不便直接说明自己的意图，而又需要对方对此有所响应，促进谈判继续进展。在这些情况下，就要用暗示的方法。除去使用体态暗示或媒介暗示外，还可以使用口头语言来暗示，一般人们习惯使用借代、比喻的手法，通过相关的典故和故事的表述来进行。运用这种暗示方法，需要运用者具有丰富的文史知识积淀和机敏的智慧。另外还要注意暗示时要把握时机和对象。如时机成熟，则一点就通，反之则不起作用。

6. 妙语回避

谈判中两军相遇，为争得更多的利益和谈判的主动权，常常会提出一些尖锐的、复杂的和令人一时难以回答的棘手问题。在这种情况下，处于守势的一方既要保护自己谈判的利益，不使对方获利，又要摆脱窘境，从容地控制谈判局面。这时，要巧妙地运用口头表达，以回避的方式实行反击，使对方达不到预期的目的。

一般而言，应用巧语回避对方可以采用以下几种形式。①偷换概念。即故意用一个概念代替另一个不同的概念。但是要注意转换的概念要与原概念有联系，但又不是原概念；②转移话题。对于棘手的、难以回答的问题，可以避而不答，转移到别的问题上，以避免因为直接回答而带来的不利局面；③无效回答。所谓无效回答，就是表面上仍以口头语言进行答复，但是在答复中没有任何有意义的内容，答案里什么都没有，信息等于零。这样做既维系了双方的感情，又巧妙地避开了难题。

有效沟通的艺术

语言是人类彼此交际的基本工具，同时也是人类赖以进行思维的工具，因此谈判过程离不开语言的表达与交流。除了语言之外，人们在进行交谈协商的过程中还可以应用其他交际工具，比如肢体语言。

当谈判出现僵局

在谈判中,时常遇到谈不下去的情况,也就是陷入僵局。这时,如果处理不好,就有可能真的把谈判推向了死胡同,相反,如果能恰当地应用某些策略和方法,还是可以"起死回生"的。

一般情况下,打破僵局的方法有以下几种。

1. 头脑冷静,切不可直言冲撞对方

"良言一句暖三冬,恶语伤人六月寒",激烈的言辞会使双方形成感情对立,对打破僵局十分不利。双方经过激烈的磋商后,很有可能不能达成一致的意见,这时,千万不能为了速胜而说一些令对方难以接受的话。比如,片面夸大对方产品质量的低劣,令对方感到十分懊恼;或者对对方的谈判人员进行恶意的人身攻击或者取笑对方,让对方"失了面子";或者对对方所代表的利益集团进行攻击。这些行为都有可能使对方对你产生反感,即使你作出某些让步,对方在心理上还是会蒙上一层阴影,使谈判极有可能不欢而散。

2. 运用"黑白脸"策略,更换谈判组成员

在谈判技巧中,有一种很常见的谈判策略就是"好人"和"坏人"的策略,或者叫作"黑脸"和"白脸"的策略。在谈判组成员中,一个人扮演"好人"的角色,也就是对对方来说的相对好人,他表面上总是从双方的利益考虑,不偏不倚,总是为了促使谈判的顺利进行,不过分要求对方作出某些让步,而是对对方态度诚恳。而"坏人"则是处处不肯让步,逼着对方作出妥协。在这种情况下,对方当然希望和"好人"谈判,而事实

上，"坏人"一般都是在谈判中起主要作用的人。但是如果遇到了僵局，暂时地让"坏人"退出，以缓解气氛，是必要的退却。暂时的退却可能换来更大的胜利。

3.随机应变，从不同角度出发

用某种不同的方法重新解释问题；提出新的理由、新的信息以探讨更广泛的问题；寻找一个桥梁，使双方达成某些方面的共识。

当自己的观点令对方难以接受时，就不要一条路走到黑，试着从另一个角度来考虑问题。自己的方式说服不了对方，就试着用对方考虑问题的方式来说服对方。有经验的谈判者往往会在谈判之前考虑几套对付对方的方法，一套不行，就换另一套，还可以根据谈判进展的情况作出随机应变的选择。

4.转换话题，缓解紧张气氛

转换话题也就是不谈和谈判议题有关的事，谈一些毫不相关的事情，比如一些轻松的话题，或者一些娱乐新闻，或者讲一些幽默的故事，以使双方紧绷的神经得到暂时的缓解。当然聪明的谈判者还可以通过这些看似不相关的话题，引起对方的兴趣和共鸣，以作为下一步双方谈判的主旋律，并且逐渐将话题逐渐引到正题上，使对手在不知不觉中，就跟着自己的思路走，从而为打破僵局、抢占谈判主动权赢得先机。

5.幽默以对

在谈判中，幽默是不可缺少的技巧。当谈判陷入僵局无法继续进行的时候，恰到好处地使用幽默，有利于打破僵局，使冷场的窘境在笑声中得到缓解。

6.采取暂时休会的方式，使双方冷静头脑，整理思路

对己方来说，最好在休会前将自己的方案再作一次详尽的解释，提请对方在休会时作进一步的考虑。休会是使双方冷静的最好方法，由于双方

都在气头上，此时稍有不慎，随时可能有"着火"的危险。富有经验的谈判者一般都会在僵持不下的情况下，主动提出暂停。暂停的时间可以依据各个谈判的实际情况而定，可以是一个晚上，也可以是一顿饭的时间，甚至可以更长一些，以给对方充足的时间考虑自己的谈判策略，并作出重新的部署。

7. 对双方已经达成一致的议题进行回顾性的总结，消除僵局所造成的沮丧情绪

谈判的内容通常牵连甚广，不只是单纯的一项或两项。在有些大型的谈判中，有的议题多达几十项。当谈判内容包含多项主题时，可能有某些项目已谈出结果，某些项目却始终无法达成协议。这时候，你可以这么"鼓励"对方，"看，许多问题都已解决了，现在就剩这些。如果不一并解决的话，那不就太可惜了吗？"

这就是一种用来打开谈判僵局的说法，它看来虽稀松平常，实则却能发挥莫大的效用，所以值得作为谈判的利器，广泛地使用。

牵涉多项讨论主题的谈判，更要特别留意议题的重要性及优先顺序。比如，在一场包含6项议题的谈判中，有4项为重要议题，另2项则不甚重要。而假设4项重要议题中已有3项获得协议，只剩下1项重要议题和2项小问题，那么，为了能一举使这些议题也获得解决，你可以这么告诉对方："4个难题已解决了3个，剩下的一个如果也能一并解决的话，其他的小问题就好办了。让我们再继续努力，好好讨论讨论唯一的难题吧！如果就这么放弃，大家都会觉得遗憾呀！"听你这么一说，对方多半会点头，同意继续谈判。当第四个重要议题也获得了解决时，你不妨再重复一遍上述的说法，使谈判得以圆满地结束。打开谈判僵局的方法，除了上述"只剩下一小部分，放弃了多可惜！""已经解决了这么多问题，让我们再继续努力吧！"等说话的技巧外，尚有其他多种做法。不过，无论所使用的是哪

一种方法，最重要的，是要设法借着已获一致协议的事项作为跳板，以达到最后的目的。

8.脱离现场

当谈判人员特别是谈判小组领导人对谈判桌上的进展不满意时，常常使用"脱离现场"这种策略。它经常是谈判陷入僵局或无法继续下去的时候使用的一种策略。当谈判小组长认为，双方需要在某种新环境中非正式地见面，用以鼓励为谈判建立一种信任和坦率的气氛的时候，也要采用这种策略。这种策略对于双方重新建立一种合作精神是十分有帮助的，如果有足够时间、机会和新的建议，它能使大家意见合一。这个策略的价值在于避开正式的谈判场所，把谈判转移到轻松的环境中。

有效沟通的艺术

谈判是一种双赢、互惠互利的行为，正因为双方在利益上有共同点，也有分歧才会坐到谈判桌前，千万不要抱着非要置对方于死地的想法。更不能因为迫切地想获得谈判胜利而紧紧压制对方、态度强硬，没有丝毫的缓冲余地。这样做反而会使自己输得更惨。

下篇　沟通实战

谈判中的常用沟通术

有很多时候，面对强大的"敌人"，我们会感觉到力不从心，担心自己能否打得过"敌人"。历史上以弱胜强的例子着实不少，研究这些以弱胜强的实例，我们可发现弱者之所以能战胜强者，运用了以下几种方法。

1. 合纵抗强法

近现代外交谈判中，关于合纵抗强的谈判技巧和谋略的范例屡见不鲜。同样在现代经济谈判中，也可以应用合纵抗强的谈判策略。例如，中小企业和公司为了保全自己的经济利益，联合起来对抗力量强大的企业或公司，卖主或买主在某种特定的情况下团结起来，组成商会或行会共同对付强手，谈判者为了增加自己的议价力量，团结一切可以团结的力量，寻找各方面的伙伴或支援，等等。这些都可以视为合纵抗强的谈判技巧和方法的灵活应用。

无论你在谈判中遇到多么强而有力的对手，你都应该充分利用联合的力量。巧妙利用支援和保护自己的技术性力量、财务性力量、政治性力量、纵向产生性力量、横向产生性力量、地理或方位性力量等，你就可以不屈从强大谈判对手的压力，使谈判达成成功。即使是对方采用竞卖或竞买的方法，你也可以利用合纵抗强的谈判技巧，把其他的竞争者从竞争对手变为联合的力量。这样你就能战胜对方，使谈判的进程按照你所预想的方向发展。

2. 分裂谈判法

俗话说，堡垒最容易从内部攻破，面对强大的联合，最有效的打击办法就是争取让其内部发生破裂。然后再拉拢其成员加入到自己的阵营中来，以达到削弱敌人、各个击破的目的，从而实现其全部的谈判目的。

那么，如何才能使对方的堡垒破裂呢？这就需要你采取一定的策略和计策了。通常情况下，"敌人"的联合中必定有弱有强，要想攻破"敌人"的防线，最好是对"敌人"内部的弱者或者意志不坚定者进行拉拢。这些弱者往往因为畏惧强者，或者害怕被消灭而依附于某个强者，对他们来说，保存自己是最重要的，其实他们也知道依附于一个强者，要处处看强者的脸色行事，自己丝毫没有主动权，最后还是要被强者吞并的，这只是暂时保存自己的方法。因此，如果要说服这些弱者退出他们的联合，最好的办法就是给他们分析当前的形势，使他们真正认识到自己的利益所在。

3. 攻心谈判法

当谈判者坐到谈判桌前，心理必然会发生相应的变化。举止、表情、言行是这些心理变化和心理活动的外在反映。这些外在反映有时是不自觉的，有时可能是故作姿态，以掩盖其真实的目的。

任何一个谈判者在谈判活动中，都有维护自尊心的心理功能。对一个谈判者来说，最严重的自我损伤莫过于不能维护其自尊心。这种自尊心一旦被破坏，心理上就会产生攻击效应，进而影响谈判结果。

在谈判中，谈判者即使有所失误，在心理上也总是在替自己辩护，通过似乎合理的途径，来使不利于自己的情势合理化。这就是一种文饰心理。例如，有个房屋买卖谈判，由于卖方说走了嘴，将价格底线泄露出来，立即丧失了继续讨价还价的能力。他虽懊悔不已，但在嘴上却向别人说："也许对方已经知道这个价格了。"谈判中如若出现了这种心理反应，聪明的谈判者总会顺水推舟，满足对方的这种需求，以获得皆大欢喜的谈判结果。

谈判中如果出现了困境或令人焦虑的事情，谈判者试图以某种理由为借口逃脱出来，则会列举困难、满腹牢骚，失去了挑战精神。这种自我防卫心理对谈判者是极为有害的。培根说："逆境中的美德就是忍耐。"可见忍耐是医治逃避心理的良药。

当谈判者的锐气受到阻碍时，会产生一种激烈的攻击反应，将自己愤怒的情绪直接宣泄出来，有时还可能通过无关的事物表现出来。如果谈判者在谈判桌上出现莫名其妙的情绪变化，可能就是攻击心理的外化形式。有的谈判者即使在家里、单位里或者公共场所遇到不快，也会在谈判桌前暴露。对此，我们要正确对待，不必太在意。

4. 针锋相对法

针锋相对法是指谈判者针对对手的要害，以尖锐有力的论据揭露对方的言论或者行为实质，打消对方的嚣张气焰，使自己在谈判中处于有力的地位，进而达到战胜对方的目的。使用这种谈判技巧，也需要注意几个问题。首先，要有很强的针对性，要击中对方要害，如果你所列举的证据不具有针对性，不能切中要害，就谈不到针锋相对的问题，也就达不到阻止对方攻势，维护己方经济等利益的目的。其次，使用针锋相对的谈判技巧还要求提出的论据要尖锐有力，或摆事实，或讲道理，无可辩驳，方能站得住立场，居于有利地位。最后，使用针锋相对的谈判技巧，还要注意谈判的性质和场合。在较具合作性的谈判类型中，使用针锋相对的技巧要特别慎重，以免弄巧成拙。

5. 以牙还牙法

应用这种谈判技巧的关键就是对方用什么手段和方法对付我们，我们就用什么手段和方法来对付他们。如果对方抬高要价，你就提出更高的要求；如果对方搞欺诈，你也如法炮制；如果对方向你发出威胁，你也用威胁回敬他；如果对方拒不相让，你也固执己见；如果对方故意拖延，你也跟着他打持久战……

这种谈判技巧是在谈判双方充满竞争和对抗的情况下，用来对付对手的一种极端的谈判技巧和方法，具有明显的竞争性和对抗性，它是遏制对方进攻，扭转对方态度，改变对方谈判要求的强有力的技巧和方法。因此，它较能在充满竞争和对抗的谈判中发挥作用。但是，正因为如此，以牙还牙的谈判方法并不适用于那些较具有合作性的谈判。在具有高度合作性的谈判中，谈判参与者应该本着互惠互利的原则，相互谦让，以德报怨，使双方都成为谈判的胜利者。

6. 当仁不让法

把人和问题分开，对他人要软、要客气、要尊重，而对问题、对客观标准则要硬，在涉及原则性的问题上要当仁不让，寸"利"必争。

使用这种谈判技巧也有几个问题需要注意：①当仁不让的技巧是针对事件、针对谈判原则和内容的，而不是针对谈判的参与者的。我们所看到的虽然总是谈判者坚持和操纵着谈判的原则和内容，但谈判者并不是就是谈判的事件本身，我们应该认为谈判者是为了解决问题而来的，是"使者"，而非敌人。②在谈判中要做到当仁不让，就必须持有充足的理由，而且保证你的理由能够充分说服对方，如果你无理取闹，胡搅蛮缠，耍无赖，不但不能达到预期的效果，反而会更糟。③使用当仁不让的谈判技巧和方法需要谈判者的意志和毅力。任何一方都希望对方作出最大的让步，己方得到最大的好处，为此有的谈判者不惜使用各种方法，以达到其目的。如果谈判者没有坚强的意志和毅力，就会给己方带来不必要的损失，就会使自己本该得到的利益付之东流。

7. 事实对抗法

事实胜于雄辩，如果你要想在谈判中取得主动地位，击败对手，赢得谈判的胜利，你尽可以向对方实施各种各样的、形形色色的谈判技巧和谈判方略,但是,最有效的武器莫过于事实——对己方有利,对对方不利的事实。只要你掌握了大量的这种事实,并用以作为你谈判的论据,任何强有力的对手,都会拜倒在你的更为有力的铁一般的事实面前。所以,事实对抗的谈判技巧和方法,是用来击败对手,在谈判中取得胜利的极其有力的谈判技巧和方法。

首先,你要对事实对抗有一定的认识。在谈判事实中,都存在着对己有利的事实,同时也存在着对己不利的事实,任何谈判都没有例外。因此,在谈判中,谈判者要既能看到对己方有利的事实,又要敏锐地观察到对己不利的事实,以便对方提出对己不利的事实时,不会感到束手无策。其次,应该针对对方提出的对己不利的事实,针锋相对地提出对己有利的事实加以反驳,对方说你的产品价格比同类产品高,你就可以反驳说自己的产品质量比同类产品好,等等。再次,为了维持长期的合作关系,谈判者应该公正、坦诚地正视己方的不利事实,然后再提出对己方有利的事实,使对方感到你对谈判的诚恳态度,并进而产生信任感。这种谈判技巧,往往比那种一味掩饰己方的不利事实,刻意宣扬对己方有利的事实的做法要高明得多,特别是对比较熟悉己方情况的谈判对手来说,尤其会对谈判产生有利的影响。

这种技巧不但适用于竞争性很强的谈判,对于高度合作性的谈判,也能够起到促进谈判成功的作用。在高度合作性的谈判中,事实对抗也能够比其他的方法更能吸引合作者。

8.坚持正义法

谈判的最根本原则就是正义和公平原则,只要你坚持正义和公平,就可以理直气壮,义正词严,最终取得胜利。应用这种谈判策略,最关键的一点就是,谈判者在谈判中要具有正义感。如果正义不站在你这边,任凭你口才再好,也无济于事。使用坚持正义法谈判,要有针对性,瞄准对方的观点和要求,针锋相对,反击对方。此外,使用这种谈判技巧,一般要求谈判者采取严厉和坚定的立场,使对方感到正义的威力和力量,迫使对方在真理和正义面前放弃或改变非正义的谈判立场和态度。

有效沟通的艺术

要做一次成功的谈判,需要你和你的手下的充分配合。这要求你们必须全心投入到谈判的应对中,不仅要使用精确而有力的词语,更重要的是要灵活地运用各种谈判战术,包括洞察对方的面部表情、态度等。还要充分考虑好对方可能使用的言语和态度,争取在谈判中发现新的问题,并对此作出相应的策略调整。

第十五章
会议沟通，良性互动让会议圆满闭幕

领导作为指挥者，要依靠众多的人来工作，通过会议安排与布置工作必不可少。会议是上下级交流的机会，是领导者发出信息并接受反馈的机会，是实施管理的主要工具。一个成功且有效的会议，不仅需要会议的主持者具有超强的组织能力，更需要与会人员的配合，在严谨有序中完成沟通，实现会议的目标。

开会不难,开好会是学问

晨会、夕会、周会、月会、年会、全员会、临时会……会议日程满满当当,分身乏术。发言离题、推诿扯皮、贸然决策、议而不决……参会人员晕头转向,效率低下。面临这样的情况,你是否找到了解决的方法?

就一般与会人员来说,最基本的是要按时到会,遵守会议纪律。开会时要尊重会议主持人和发言人。当别人讲话时,应认真倾听,可以准备纸笔记录下与自己工作相关的内容或要求。不要在别人发言时说话、随意走动、打哈欠等,这是失礼的行为。

在会议中,尽量不离开会场,如果必须离开,要轻手轻脚,尽量不影响发言者和其他与会者,如果长时间离开或提前退场,应与会议组织者打招呼,说明理由,征得同意后再离开。

在开会过程中,如果有讨论,最好不要保持沉默,这会让人感到你对工作或对单位漠不关心。

想要发言时应先在心里有个准备,用手或目光向主持人示意或直接提出要求。发言应简明、清楚、有条理,实事求是。反驳别人不要打断对方,应等待对方讲完再阐述自己的见解,别人反驳自己时要虚心听取,不要急于争辩。

参加大、中型会议应穿着整洁,提前到达会场,服从会议组织人员的安排,讲究礼节。

坐在主席台上的人应按要求就座,姿态端正,不要交头接耳,不要擅自离席。当听众鼓掌时也要微笑鼓掌。会议上有发言任务的人,仪态要落落大方，掌握好语速、音量。注意观众反应，例如会场中人声渐大时，则意味着你该压缩内容，尽快结束。发言完毕应向全体与会者表示感谢。与会者即使对发言人的意见不满，也不可吹口哨、鼓倒掌、喧哗起哄，因为这些行为是极其失礼的。

有些发言者话太多。他们喜欢自己说话，似乎要利用每次会议来垄断讨论。出现这种情况，主持人出于对发言者的尊重，一般不应当面直说，而应寻找机会作出巧妙的暗示。如果他发言了，给他适当的时间，然后说，"你提出的几点很好。现在让我们听听其他人的。"以此打断他。如果这一招不灵，就限定时间，比如，每人发言2分钟。若是任由这些口若悬河者不着边际、没完没了地长篇大论，结束讨论怕是要"等到花儿也谢了"。

有的人不愿在大庭广众之下发表自己的意见而习惯于与周围的人窃窃私语，这往往会干扰会议的正常进行。如果交谈达到必须加以制止的程度时，你可以通过直接提问来试着打断交谈者，也可以停止发言，等着他们安静下来。

如果这也不管用，你可以对他们说："如果你们有什么要说的，请大声说出来，好让每个人都能从你们的讨论中获益。"

与会者针对某个问题展开讨论时，由于各自的学识、背景、素质、经验与价值观不同，看问题的角度不同，作出的判断、提出的解决方案也不尽相同，与会者往往会各持己见，据理力争。这是讨论深入的表现。但如果意见已趋向集中，这时主持人就应适时终止争辩。

否则，针锋相对的双方互不相让，争得面红耳赤，既浪费了时间，又妨碍会议议程的进行。

在一些情况下，会议或许会成为发泄私人恩怨的场合，有人会利用它来给部门、单位的工作制造麻烦。

作为领导，很可能会成为恶语中伤的对象，遭到攻击，你可能会恼羞成怒，大发雷霆，站出来和对方理论，这实际上已经偏离了会议的主题，也就不能达成沟通的目标。

有效沟通的艺术

作为会议主持，要保证会议完成既定目的，巧妙的语言技巧可以使你从不利境地中从容地走出来，避免一场无谓的争吵。

当好会议主持人

作为会议主持的领导者必须明确开会的目的，把握会议的主题，事先做好充分的准备，成竹在胸，方可临危不乱，游刃有余，不至于处处捉襟见肘，被动挨打。应注意会议的导入阶段是会议讨论的关键。

下面是会议主持的4个基本步骤。

1.开宗明义，说好会议开场白

会议开场白不能拖泥带水，既要把开会目的讲明，又要把重点点出，使与会者有思想准备，为领会会议精神打下良好的基础。同时又不能三言两语，草草了事，意不明，言已尽，给人以茫然之感，使与会者不明白会议的议题，失去开会的兴趣。好的开头可以一下抓住与会者的心，给人以深刻的印象，吸引人们继续听下去。就像看一部引人入胜的电影，开始就兴味盎然，人们自然急于了解下面的情节。

"现在开会了。请××同志作报告，大家欢迎……""请同志们坐好，现在开会。第一项内容……"这是我们所经历的千篇一律的格式。这样开场陈旧死板，令人生厌。开场白要陈述的内容包括会议主题、目的、意义、议程和开法等，但这绝对不是要囿于程式，不加变通，而是要根据实际，因境制宜，灵活安排。

下面是一篇较为成功的欢迎词的开头，恰与上文中的实例形成对比：

"春来谁作韶华主，总领群芳是牡丹。古都洛阳迎来了第九届牡丹花会。热情好客的古都人民，诚挚地欢迎外国朋友、港澳台同胞和来自祖国各地的客人光临洛阳……"

主持人的欢迎词真诚感人，令人如沐春风，烘托出喜庆的气氛，遣词又恰到好处，让人感到与当时的场合相吻合而无媚俗之感。

2.列好讲稿提纲，主持会议井然有序

我们开会往往是因为没有找到向人们传递信息和解决问题的更好的途径。正因为如此，会议是为实现某种目的的一种重要形式，要有明确的议题和清晰的程序。会前把你要讲的事情列成提纲，保证会议沿着你的思路一步步进行下去，这实际上就是会议进程的程序。要牢记你希望大家会后知晓的思想或中心议题。你的主持要围绕这一主题。有些领导人为了死死控制住会议的进程，要求秘书为自己写稿子，拉条目，会上拿着讲稿一字一句地读，照本宣科，显得机械呆板。记住，念稿子是场灾难，不要照着念。列出发言提纲，发言时再详细讲，既不脱稿，又能离稿讲话，把讲稿上的内容变成自己的语言，才能令听者觉得亲切自然而非味同嚼蜡，才不至于让人觉得你生拉硬套，不顾会议实际情况只会埋头读稿子。

所以，要想不照本宣科，就要身体力行，作最充分的准备，保证心中有数。

3.控制好会议时间，有效地控制会议的进程

会议的时间是有限的。一般会议的时间以2小时为限，这是根据人的生理以及心理的条件设定的。超过2小时以上拖拖拉拉、松松散散的会议，只会增加与会人员的疲劳感而不会产生好的效果。为了保证在有限的时间获得满意的结果，作为主持的领导者有责任控制会议的节奏，有张有弛，既与与会者充分交流意见，又要避免发生互相扯皮的现象。

有效地控制会议的进程，很重要的一点就是使各项活动尽可能地依照事先预定进程推进，不要轻易变更。在有限的时间内，围绕主题展开充分讨论，那种天马行空的"座谈"，只会使会议脱离轨道，进程缓慢。作为主持人，你可以说："这是个颇有意思的意见。这对讨论我们的问题适用

吗？"这样可能会使对方觉察到离题了，从而回到正道上来。

4. 善始善终，做好会议总结

做什么事情务求善始善终，成功的会议总结方式也很重要。"虎头蛇尾"会令与会者有草草收场之感，该明确的认识还模模糊糊，该布置的任务也没有落实，结果大家觉得无所适从，一切照旧。通过会议要收到的预想效果没有实现，白白浪费时间作了无用功。好的总结方式可以起到画龙点睛的作用，强化与会者的记忆，统一认识，并再次鼓动大家的情绪，有效提高会议讨论的质量，巩固讨论业已取得的成果。

可以用总结归纳的方式把会议的主要成果提纲挈领地概括出来，加深与会者的印象。如说："今天我们学习了×××文件，主要收获是……，弄清了以下问题……。现在，方向已经明确，路子已经找到，让我们今后在各自的岗位上大显身手吧！"这恐怕是最简单、最普遍的总结方式，清楚易懂，可对与会者给予有效的指导。

想要一次解决所有问题是不大可能的，也可以用在本次会议中提出而还未得到解决的问题作启发，为下次会议作铺垫。如说："今天大家提出不少问题，其中'为什么上班时间网聊之风屡禁不止？'提得很及时很深刻，只是限于时间，今天没有充分讨论。请大家会后广泛收集材料，深入思考，以便下次再议。"解决原有问题，发现新问题，力求工作中更进一步。

会议结束时下达指令，作出工作布署，往往能令与会者心悦诚服地接受，并在会后立即付诸实施。会议讨论的过程，就是一个化解分歧逐渐求得统一的过程。人们对现状有了更为全面、清楚的认识，对问题的解决方案达成了一致意见，领会吸收会议精神也就顺理成章了，领导者在总结中要直陈胸臆，当机立断。这时就不能讲求含蓄委婉，或以试探的口气"你看这么办行不行？"你是领导，决策要由你作出，不要给下属留下优柔寡断和做事拖泥带水的印象。

还有的领导喜欢在会议结束时说些"你好我好，大家都好"之类的话，以为这样就维护了上下和气的团结局面；或是夸大其词，说什么开了一次团结的会、胜利的会，上下一致，绝无二心；或是动辄上纲上线发一通什么对公司的前途命运具有决定意义之类的陈词滥调，这些只会让人觉得你没有实事求是，招致反感，久而久之，对浮夸之风推波助澜，不利于好的会风的形成。其实，在总结时只要从实际出发，有成绩讲成绩，有问题讲问题，不但不会破坏组织团结，还会唤起员工的责任感、使命感，关心组织的存亡发展，形成更强的凝聚力。

有效沟通的艺术

选择符合会议气氛和参加者心理的会议方式，或以豪言壮语鼓舞人心；或感同身受坚定信念；或语意激昂痛陈利弊，这些都有助于强化会议精神，引起与会者的共鸣。

尽量让每个人都参与会议

我们经常可以看到这种情况。领导者在布置完一件任务后,觉得如释重负,但是发现执行起来并不是想象的那样顺利,许多人并没有真正领会会议上的意思,导致任务执行的中断或拖延。领导者常常对这种情况感到愤怒,但从来都不找自己的原因。

我们经常看到开会的时候下面有人看报纸、聊天或者干脆闭目养神,整个会议显得十分散漫,只有领导一个人在台上滔滔不绝,这种会议还不如不开。

开会的目的就是达到共同交流和解决问题的目的,如果都是领导者提出问题,再说出解决方法,下面的人就不想也懒得想,"就这样吧,反正是你的责任"。

所以,要充分调动所有与会者的积极性,使整个会议活起来,有效率起来。

领导者应喜欢这样的开会形式,即领导者提出问题,不说出自己的解决方法,而是让大家自由发言,并进行辩论。这样,虽然不是每个人都有机会发言,但是可以肯定每个人都在想,能达到这个程度,开会的效果也就有了。

让每个人参与会议有以下一些技巧。

1.开会的议题必须与与会的每个人都有关系或者他们都感兴趣

不要将与开会议题无关的人请到会场,因为他们的无所事事会影响其他人,从而导致会议效果打折扣。

2.领导者要创造一种有压力的气氛，迫使每个人都认真地听，认真地想

可以采取这样的方式，领导者拿一张与会者名单，可以随时请任何一位与会者简单发表一下对某某问题的看法，这样每个人都有一种压力，这种压力使他们不敢马虎。

3.领导者在开会的过程中应该加强引导作用

比如可以在提出问题之后，再提出若干种解决办法，让参与者广泛讨论，找出最合适的方法；在讨论者分歧太大时可以适当地作一些引导，尽可能使与会者统一起来。

4.领导者主持会议讨论的过程中应不时对参与者的发言进行肯定或表扬

即使有时这些发言毫无作用，但这样才能鼓励更多的与会者踊跃发言，而这位发言者会在表扬与肯定的鼓励下进一步思索，或许会想出具有建设性的建议。

有效沟通的艺术

每个领导者在主持会议的时候，不仅有进行决定、发布命令的权力，更有调动全体与会者真正参与会议的义务。只有全体与会者真正参与到会议当中，会议才有效率，才会出成果。

巧引话题，让会议有序进行

如果把会议搞成一言堂，主持人在上面唱独角戏，就失去了集思广益、各抒己见的本意，也不利于充分发扬民主。领导的水平并不体现在以个人权威将自己的意图强加于人，虽然要有"唯我独尊"的威仪，但在方法上要注意灵活多变。

在会议上要善于提问，积极引导，使会场呈现出一种生动活泼、毫不拘谨的局面，才有可能从各种不同角度、不同侧面发现问题、提出问题、分析问题、解决问题。

与活跃的讨论形成鲜明对照的是无人发言或一部分人毫无反应的现象。无人发言可能是人们对某个问题还似明非明，难以发表看法。你不妨以这样的话语加以点拨："这个问题正面一时看不清，假如反过来看呢？从它究竟有多少弊端的角度看，是否应下决心解决呢？"

对于沉默不语的人可以试试激将法："老黄，您今天一言不发，看来是想'金杯漱口了'！"旁边可能会有人接口："老黄向来能说会道，今天怎么会甘拜下风呢？"这样一激，老黄还能不一吐宏论吗？或者你可采用迂回方式引他开口："老黄，你一直保持沉默，是不是身体不舒服？"对方可能会予以反驳，你正好顺水推舟："那你就是有不同意见了，说出来让大家听听吗？"有时也可以就某人的发言因势利导，引导大家顺此深入讨论："老郑认为我校提高教学质量的关键，不在于严格考勤、考试上，而在于联系实际改进教学方法，说得很有道理。大家对此议论一下吧！"对老郑是个鼓励，且大家讨论也有了方向，会议就会深入一步。

主持人打开局面，引导会议进行的技巧水平取决于他的认识水平和良好的思维能力。主持人要能够洞察现场情势，抓住众人共同关心的话题，广开言路：可以身先士卒，带头发言，为他人作好铺垫；也可以语调亲切，言语诙谐，吸引与会者的注意力，使那些持漠然态度者也能积极投入；也可以层层设问，启迪思考，借助"头脑风暴"倾听更多意见。

有效沟通的艺术

会议局面的展开有赖于领导者的引导能力，但在根本上还在于领导者应具备较好的素质。

营造氛围，开一次高效圆桌会

会议的顺利进行有赖于良好会议气氛的营造，精彩的开场白可以使与会者感到要讨论的是与人们切身利益相关的问题或是大家共同关心的问题，这样就能刺激与会者的兴奋点和吸引其注意力，充分调动各种积极因素，将会议导向圆满成功。

会议的类型多种多样，不同会议所需的气氛也不同。征求意见会要求各方畅所欲言，集思广益，需要的是生动、热烈的场面；研究解决问题的会议需要的是严肃、庄严的气氛；欢迎会上语言要热情洋溢；欢送会上，言语中要流露出依依惜别之情。

营造会场气氛，调动人们的情绪，不是靠大喊大叫，粗声粗气。例如，某厂为解决生产中存在的工序间衔接不畅的问题，拟就个别班组存在的"磨洋工"现象进行批评，领导上来就说："今天把你们找来，就是让你们知道，你们拖了厂里的后腿。你们说该怎么办呢？"

剑拔弩张，"严肃"的会场气氛够浓的吧，可这样不问青红皂白地一通发作，甭说引起对方共鸣，恐怕求得合作都很难。会场成了战场，这会怎么开？

因此，领导者要用好会议这个工具，提高会议的效率，就必须做到会议十戒。

1. 每一个会议都有一个明确的目的，不开无目的的会议

领导者在开会之前首先要明白要干什么，还要让即将参加会议的成员明白这次为什么开会，以做好准备。如果没有明确的目标，就不要开会，

特别是临时性会议。除此之外为了进行正常、连续的交流与接触，组织例会是不应该间断的。

2. 每个会议只应解决一个中心议题，不开有许多议题的会议

可能有许多人不理解：开一场会，不是解决问题越多，效果越好吗？而且开一次会，召集、组织工作也花时间。其实，多议题会议会使与会人员不能把握会议的重点内容，觉得这一点也重要，那一点也不能忽视，结果很可能只对其中某一点印象最深刻，而冲淡了其他的方面。一个会议讨论的要点太多，特别是任务太多往往会引起厌烦情绪，达不到预期的会议效果。

3. 会议前必须有充分的准备，不开无准备的会议

除非特殊情况，开会最好不要搞"突然袭击"。领导者要有准备，怎样主持好这个会议并使之达到预期效果；与会者也要做好准备，以最清醒的姿态接受会议传递的信息并及时反馈。

4. 只开非开不可的会议，不开可开可不开的会议

这里的"会议"和第一条一样是指临时性会议，不要芝麻大的小事也召集一次会议，因为这样的话，久而久之，会降低与会者在会议上的兴奋程度。

5. 会议的参加者必须与会议的主题直接相关，与主题无关的不要参加会议

这里所讲的是会议参与者的问题，不要有"会议闲人"的存在，不要让参与不参与都一样的人参加会议。

6. 开会时，不作离题的讨论而要围绕中心发言，领导要发挥好引导的作用

一旦发生发言离题的现象要及时地纠正，把与会者的讨论焦点一直放在会议的中心主题上。

下篇　沟通实战

7. 表明观点应简洁明了，会议上不容许重复别人已经说过的话题

这样领导者可以获得尽可能多的信息，也消除了与会者那种懒散、不求见解独到的省事心理。

8. 会议一定要有决议，不开无决议的会议

即使本次会议暂不能决议，也要宣布暂时休会，并应宣布下次会议的进一步要求，关照大家提前准备。

9. 会议上应该杜绝两种相反观点的激烈争吵

会议上应该提倡各抒己见，但绝不能陷入两种相反观点无意义、无结果的争论之中。如果发生这种情况，领导者应让他们各自保留意见，在会后再作讨论，不要占用别人发言的时间。

10. 会议上应该禁止与会者频频进出会场

因为这样会影响与会者的情绪，分散注意力，影响会议的效率。开会的效果也会因此受到损害。

有效沟通的艺术

优秀的领导者，当他主持一次会议的时候，总是十分清楚会议的特定目的是什么，或者应当是什么。他在会议上就会引导众人绕着自己的目的转，取得会议的高效率。他不能容忍某一个人滔滔不绝，而是让每一个人都有发言的兴趣及机会。